三千四百年

HIGHLIGHTS
OF TIME-HONORED
HONGHE

三千四百年 —— 最红河

《三千四百年——最红河》

百年云锡矿业

红河哈尼族彝族自治州旅游发展委员会 编

云南出版集团
云南人民出版社

图书在版编目（CIP）数据

百年云锡矿业 / 红河哈尼族彝族自治州旅游发展委员会编. -- 昆明：云南人民出版社, 2015.4
（三千四百年：最红河）
ISBN 978-7-222-13036-4

Ⅰ. ①百… Ⅱ. ①红… Ⅲ. ①文化史—个旧市②旅游指南—个旧市 Ⅳ. ①K297.43②K928.974.3

中国版本图书馆CIP数据核字(2015)第076749号

责任编辑　杨晓东
特邀编辑　张湘香　李月萍　李宗浩
装帧设计　和　颖　秦贤明　李然竞好　范文博
插　　画　朱培芳
责任印制　洪中丽
责任校对　周　彦

创意策划　云南片语传媒有限公司
排版设计　云南片语传媒有限公司
网　　址　www.pianyumedia.com

本卷摄影　付士凯　秦贤明
图片提供　红河州各县市旅游局（委）

《百年云锡矿业》
红河哈尼族彝族自治州旅游发展委员会 编

出　版　云南出版集团　云南人民出版社
发　行　云南人民出版社
地　址　昆明市环城西路609号
邮　编　650034
网　址　http://www.ynpph.com.cn
E-mail　ynrms@sina.cn
开　本　787 × 1092mm　1/16
印　张　14
字　数　196千
版　次　2015年4月第1版第1次印刷
印　刷　昆明亮彩印务有限公司
书　号　ISBN 978-7-222-13036-4
定　价　38.00元

廣结
雲山供養

序

红河流域的人文史诗

红河流域荡漾着动人而神秘的人文地理传奇，我有幸拜读了由红河哈尼族彝族自治州旅游发展委员会汇编的这一套丛书，它以美仑美奂的书写结构，诠释了《千年哈尼梯田》《千年临安古城》《千年建水紫陶》《百年滇越铁路》《百年开埠通商》《百年云锡矿业》《百年过桥米线》的人文历史地理风俗史貌。

哈尼梯田是一部古老的史诗，大约在一千三百多年前的南诏时期，哈尼人已经学会了在层层叠叠的梯田中镌刻铭文，那些关于天、地、人的传说，被哈尼人的先民吟唱成原始的歌谣，形成了巨大的史诗般的韵律，在历史的岁月中撞击着大地。依赖于这种韵律和神秘的思想，我们就能够衡量梯田神学中的符号，尽管它是那样飘渺无边；尽管它充满了时间的磨砺和煎熬，然而，这些东西就是哈尼梯田的背景，时间构成了哈尼梯田的史诗，梯田生长着永生不灭的稻穗是哈尼梯田的戏剧，梯田上漫溢的水和阳光是哈尼梯田的哲学，所有这些东西都代表着哈尼人的感情和思想境界，正像哈尼人在远古时期创造着一个狭窄的由深渊抵达云端以上的梯田文化一样，哈尼人崇拜土地和稻谷的那种热情和创造力，使他们留下了永恒的梯田文化史。

与临安古城的相遇，仿佛是前世的机缘。《千年临安古城》弥漫着梦一样斑斓的古风，在它悠久岁月中的怀抱，我们漫步、品尝，在转眼间仿佛又回到了另一个古老的朝代。当我们来到建水，在一个绿色的静寂的早晨，怀着肃穆的心情，奔赴建水文庙时，那里正在举行着祭祀舞，所有的礼乐器具显得那样朴素无华，然而，每个人似乎都在准备着用心灵来倾听每一种乐器的旋律。建水文庙用历经了时间的锦绣文章谱写了它独特的文化传颂。在《千年临安古城》一书中，我仿佛被转世的灵魂牵引着前行，在建水文庙，我猜测着圣人孔子来到建水文庙的那个秋天，整座文庙飘忽着菩提的气息和心若止水的清澈味道。孔子是悄无声息垂临的，他依然以不重不轻的步履来到此地，像过去任何时刻一样，孔子造访之地，当然是为了讲学，即在这个茫茫世界上，用孔子思想造就一座神圣殿堂，以此让这个世界蒙受黑暗和迷津之雾所笼罩者，寻找到圣典，孔子来了，他的众多学生也来了。

《千年建水紫陶》伴随着整个临安的脚步从千年走来，在千年临安古老的光芒中，我们通过一个又一个轮回的紫陶工艺史，感受到了紫陶在千年建水的演变。建水紫陶是随同人类文明史发展到今天最奇美的手工艺品。

而在《千年建水紫陶》中，我们仿佛触摸到了这深刻的追溯，以及来自一代又一代陶艺大师们对于工艺永不疲倦的探索和追求。当我每一次来到建水，穿越着古老的街巷文化时，都能寻到紫陶，寻到那些传承着优美而神秘的陶艺魔法，感受到紫陶制作的工艺史，以及那一幕幕震撼世界的精美艺术。

滇越铁路是红河流域另一条人文的遗梦，每当这一刻，我仿佛又听见了火车的哐当声，多年以前我曾经踏上这条铁路，并完成了长篇小说《碧色寨之恋》。十九世纪末期，战乱、混沌、黑暗和死亡交织在世界历史之中，当十九世纪异域人的脚步声抵达中越边界时，法国人来了。他们看到了中国云南的广大山川，他们很快就以各种理由和形式组成了考察队伍，首次进入红河流域……之后便是悲歌绵绵之下滇越铁路的路殇之歌。我们知道，火车的创造是为了缩短人类目击不到的漫长距离。诸神所创造的万千距离是为了测量和衡量人类之心到底有多远?人类之幻想和现实的力量到底能走多远？在《百年滇越铁路》一书中，我们仿佛又一次看到了米轨跑过的一百年，我们又一次来到了碧色寨、人字桥……我们在这一幕幕历史的聚焦镜头下，一次次的感受着伟大而孤寂的时间，回首那些历史的遗梦，忍不住的泪光在眼前闪烁。

《百年云锡矿业》就像红河流域最古老的一张张充满沧桑的面孔，红河个旧地区，从五万年前就有人类生息，及至西汉随着中原文化的渗透，锡、银、铅采冶业兴起，今天，个旧的山山水水都充斥着时间足迹中的熔炼，它像一座永不谢幕的舞台，不断的演绎着云锡的繁荣与衰败……通过它的往事与沉浮，我们读到了其中的忧怀与奋起的熔炼史。

就是在这样一个沧桑的红河流域却诞生了云南省的第一个海关、第一个电报局、第一个邮政局、第一家外资银行……《百年开埠通商》就是忽必烈的边城，就是碧色寨、中越古道间已流逝的蛮耗遗梦、就是迤萨古镇伸向异域的马帮之旅……

史诗般的地方，一定会存在着值得探寻的美食文化，《百年过桥米线》追溯到了一个区域关于过桥米线的风俗史。人类生活离不开风俗，生命存在一息就必须依赖这些历史上的风俗演义，使我们的生命饱受过往事物的滋养。民以食为天，《百年过桥米线》宛如一匹匹乳白色的丝线，养育了一代又一代红河流域的百姓，此外，它以精美而朴素的制作流程，携带着被一个个故事所传唱的美味闻名于世界。

红河流域的人文史诗，是属于世界庆典中的人文境遇，当我手捧这一套精美的图书时，仿佛又回到了这座美丽的版图。

那些低飞的或高空的鸟看见了这个世界，
当百年滇越铁路像梦一样荡漾在眼前时，
造梦的旅行者们将带着古老或年轻的画卷抵达红河的岸，
我希望这个世界上最美的秘境深处的江流深情的流淌，
我希望旅游者能坐在半山腰的哈尼梯田看到古老的物种传颂，
我希望在红河流域的人文史诗中保留着人类世世代代的奇迹，
我希望在这一本本书中收藏或吐露着人类生命史上最永恒不变的秘密……

海　男

个旧，

红河岸边的“小香港”，

盛产大锡的硔王宝地。

万年的历史，

千年的文化，

百年的矿业，

在这北回归线上的小城，

声名远扬的锡都，

悠然汇聚……

百年云锡，

百年矿业。

没有它，现代工业如何能在云南落地生根？

没有它，红河畔也许到现在依然荆棘一片。

没有它，两岸人们的眼光何时才能通达大海？

没有它，精致、魅力而传奇的个旧，

根本不会存在。

目录 CONTENTS

锡都夜话

这是一个位于北回归线上的城市，小到一个顺口溜就可以囊括，但它却又很精致和丰富，以至于用一本书来讲它，也很难讲完。

它的城区建成面积仅仅12平方公里，常住人口18万，人口密度高过香港。

俗语有云：一进个旧，两根烟囱，三道坎，柿（四）花巷，五一路，绿（六）春花，七层楼，八号洞，九转弯，十号楼。

这些都是个旧一路发展下来的地标称呼，换成到现在的地标称呼，能弄清楚哪儿是哪儿，你也就变成一个正宗的个旧人了。这样小的一个城市，是怎么承载起百年云锡广博无边内涵的？这是很多到锡都来游历的人都心怀的疑问，也是这本书将要为您缓缓道来的百年云锡故事。

小城锡都

个旧自古在山里，宝贝全都埋脚下。历史上随便找个坡，下面也许都是锡矿。最高的地方能到海拔2740米，最低的地方仅仅150米。年平均气温20℃左右，夏天不热，冬天也不冷，既产生财富，又适合养生，你能想象一个工业城市的夜空经常能看到很多星星吗？在锡都就是可以。

就是因为这样的地形和温度，所以个旧一年四季都有花开。加上两边是山，中间是湖，正儿八经游山玩水都不用出城，也造就了个旧人喜欢窝在自己城市里过好日子的习惯。但时间长了，名声在外，哪能不被外地的客人们惦记？于是他们自己来玩，玩到不想走就来住着，时间长了干脆拖家带口过来，彻底变成了个旧人。

问他们为什么？他们总是说，这么好在的地方，这么精致的城市，一个四季如春、社会富足、适合人居、异常精致的“小香港”，谁不喜欢休闲一辈子的感觉呢？

这里是东方的佛罗伦萨

《简明不列颠百科全书》第三卷中说："个旧,中国云南省第二大城市,著名的锡都。"我们对第一个定义相当满意，因为无论这个城市怎么小，我们的心胸都很大。

朱德老总来视察的时候，题了十六个字，相当经典，不过你想知道内容得先请我喝两杯。

雕塑大师刘开渠说，这里是东方的佛罗伦萨，又说金湖有西湖的感觉。所以我每天吃完饭都出来走一圈，看能不能遇到我的白素贞。巴金说他的心还留在个旧，我觉得我比他成功的一点是，我的人也从来都留在个旧。

我问他，个旧人有什么不一样？他笑着说，肯定不一样，我们是拜硔王的嘛。我又问他，个旧矿挖完了怎么办？他笑着说，有赵老祖公罩着，东方不亮西方也要亮啊。

个旧人好像不太喜欢居安思危，这算不算大智若愚的表现？

曾经，个旧一中的五四楼的青石阶梯上，那些青苔的背后，刻着一些我不认识的字，我找了后来上清华北大的那两个学霸来看，他们也没认出来。

作为一个四季都可以玩滑翔伞的城市，我们的常见娱乐是坐在金湖边上吹着清新的风下象棋喝茶，旁边还站着观战的七八个老头子。

在一百多年前的法式建筑里吃饭喝咖啡，这绝对不是做作的小资情怀，因为我们历来的生活就是这个样子的。

你们这地方太奢侈了吧？最后剩这么两栋老建筑，居然还有人住在里面？

哪样（什么）老建筑？你是说法式呢，还是说苏式呢，还是说工人村式，还是滇东南乡村田园式呢？

吃烧豆腐配不配点小酒，这是衡量一个纯正个旧人的标准之一。

——正是锡都深厚的历史积淀，酝酿出了个旧具有独特文化和浪漫情怀的一群人，也正是这群人，书写了百年云锡矿业的辉煌和传奇。

云锡的声音

个旧方言属北方语系，是中原文化和边疆少数民族文化融合的典范，经过岁月的传承，现在的个旧方言，听起来极有味道。

有人说个旧人说话像唱歌，仔细想想似乎真的是。

怎么能不像呢？云锡百年矿业的背景下，那历史的歌声从来不曾停歇过。从历代磺王，到锡都三杰，从千千万万唱着走厂调的砂丁，到当下谱写歌唱现代和谐发展之歌的云锡人。他们一手缔造、传承、发扬着充满味道的云锡赞歌。有这样百年下来的文化沉淀，个旧人发出的声音怎么能不让人津津乐道？

那也是一种文化的声音，是百年云锡一路走来，孜孜不倦地探索，方才提炼出来的矿业文化。

它从粗放开采的鼓劲声，到现代工业文明来临的汽笛声，从探明新矿的欢呼声，到后来整合资源的叫好声，从改革开放飞速发展的轰鸣声，到与时俱进成为世界第一的赞叹声，云锡优雅而和谐的声音，代表着个旧。以前是，以后也会是。

推动这声音、发出着声音的，正是扎根在个旧的一代代云锡人。他们与锡都已经水乳交融，无可分割。个旧好，他们的日子才会好，云锡好，个旧的声音才会越来越动听。

这，就是唱歌一般的锡都最强音——云锡的声音。

锡都专属

有些话，很好听；有些词，你不知

来到锡都，就要听无处不在的个旧话，这是锡都的象征，如果人再多点，也许咱们也去申请个世界非物质文化遗产什么的，毕竟这世界上说起来像唱歌一样的方言也不多吧。

而在这门锡都人的日常用语里，有那么一些词汇值得跟你说叨一下，它们，都是锡都专属，以前是，现在是，以后，无论还有多少人记得，依然是。

个旧：彝族话的同音词，意思是荞麦花盛开的地方。也有另外的说法是指白色石头（锡矿石）很多的地方。

寸轨：滇越铁路的轨距已经够窄了，只有一米而已，但个碧石铁路比它还要夸张，60公分而已，放现在绝对是优质观光小火车线路。

大桥：20世纪20年代搞出来的人车分流工程，相当高大上，现在仍是地标。

八号洞：寸轨铁路靠近个旧后的第八号隧道，现在作为靠近北部城边居民区的地标。

西贡码头：金湖边的小港口，个旧人喜闻乐见的集体活动聚集点之一，估计是世界上叫西贡码头的地方里最小的一个。

金湖文化广场：碛王雕像在的地方，个旧人心中的大神就在这里。

老厂：个旧最早的矿，也是一个很多个旧人很有感情的地方，因为有很多人的年轻时代都在那里度过，空气凉爽宜人，充满了金属与自然交杂的艺术气质。

七层楼：当年的滇南第一高楼，不知道多少红河人以爬过这栋楼而自豪，表情不逊高富帅。

瑭：老个旧开矿的人一般不说自己炼锡，因为跟熄同音，不吉利，所以叫瑭。当年有个工作叫背瑭，就是背矿石。

砂丁：矿工个旧老话，说的是老时候矿上背瑭的伙子。

走厂：个旧老话，很早的时候这里叫个旧厂，来矿上打工糊口就叫走厂，现在基本不用了。

一坨/一根/挨点儿：个旧特色的量词，在生活中广泛使用，不是常住的人一般不习惯这种说法。

其实还有很多锡都专属的说词，但要是都说完了，哪里还有发现的乐趣呢？还是亲自去问遇到的个旧人，那才叫旅行。

群众旅店

开篇

百年云锡矿业

五万年前开始有人类生息。

西汉时期采冶业兴起。

东汉时形成较大规模分工协作。

明代锡产品全国知名。

清康熙之后，锡业开始爆炸式发展。

光绪十一年（1885年），个旧大锡开始大批量出口。

光绪二十三年（1897年），成立云南省第一个邮政代办所。

光绪三十一年（1905年），开始使用进口设备和工艺，聘用外国专家进行生产。

宣统二年（1910年），成立锡务公司，开始冶金工业机械化生产。

民国二年（1913年），被列为云南省一等大县，全滇工业重镇。

20世纪30年代末，私营大厂户多达4400家，锡出口量高时达1.1万吨。

新中国成立后，云锡的发展一日千里，个旧的锡矿产业一再升级，技术全球领先。

成为国内第一、全球知名的工业城市。

万年的生息，千年的积累，百年的奋斗，终于铸就了今天个旧拥有的辉煌成果。

百年云锡矿业，红河畔一幅不朽的画卷，必将世代流传。

锡都采矿图

两千多年来，个旧一直在采矿，发现的矿山多不胜数。下面来数一数，你马上就会对个旧的矿业之悠久繁盛留下很深刻的印象。

贲古羊山，个旧断裂西侧新冠附近，产银，汉朝。

黑马井，卡房矿区，采锡，汉朝。

个旧银硐，老厂矿区，产银，后在深部发现锡，转为采锡，元朝。

黄茅山，老厂矿区，产银，后转为采锡，元朝。

黑明槽，产银，后转为采锡，元朝。

竹林山，老厂与卡方之间，产银，后转为采锡，元朝。

龙树脚，卡房矿区，先采银、铅，后转为采锡，元朝。

四处原生锡矿露头：冲门口、金光坡、马拉格、贾石龙，民国初年。

接着演变为四大矿区——老厂区、新厂区、古山区、西厂区（时至今日的划分为老厂、马拉格、松树脚、卡房大四矿区）。

老厂区——分为上八厂、中八厂和下八厂。

新厂区——包含马拉格、荷叶坝、破山槽、黄泥硐等地方。

古山区——包含松树脚、古山、半坡等地。

西厂区——包含牛屎坡、陡岩、禄丰寨、自家湾等地。

新中国成立后，又相继发现了芦塘坝、高峰山、马吃水、双竹、金光坡等大中型锡矿。

若把这张地图展开，一点也不难看出，个旧的脚下，处处是宝藏。

小香港的另一层

个旧是个不折不扣的移民城市，往上溯个几代，几乎就找不到本地人了。

一开始个旧并没有那么多的移民，所以大锡的产量既不高，也不稳定。虽然在讲历史的时候我们会说，西汉开始个旧就有大规模开采锡矿的事情，但那个大规模跟后来云锡公司的这种大规模相比，基本上属于零头的零头。始终劳动力差了，没有劳动力嘛，宝贝再多也只能说说。

到了民国初年的时候，一些天灾人祸在内的因素，导致很多人变成了个旧的移民。收成不好，交不起租，于是只有破产。但是破产不代表可以不吃饭，所以他们必须出来找工作。

人一多，吃的喝的就不是个小数目，得多开采大锡才能跟得上趟，想要前面干得效率高，后勤就要跟得上。所以各种社会分工就升级了，不像原来光是炼锡那里分分工就可以。

首先来的是江西人，康熙和乾隆的时候来得最多。他们以前都是属于下游产业链的，后来各种混不下去，就往上游跑到个旧来。这帮人，做裁缝的最多。

然后湖南人也来了，比江西人稍微晚一些，从乾隆到嘉庆的时候来得多。以前是做煤炭生意的，不知道怎么回事连做煤老板都做垮了，于是转向比煤坚挺的锡。这批人做屠夫卖肉的比较多，可能是民风彪悍的缘故吧。

后来在这里能赚钱的消息逐步传出去，四川人听到，在同治道光年间也来了。卖川货和杂货，基本上做的也是现在四川人拿手的生意。

到了光绪年间，产业越发成熟了，广东人就来了，双向收费，这边把广货卖过来，然后拿钱收了大锡，又往广东卖出去，和现在一样会玩。

当然那么大块蛋糕，怎么可能全被外省人吃了去，本省的人自然也要来分一杯羹。宣威人过来卖油、腌肉和火腿。曲靖人过来卖鸡和鸡蛋。开杂货铺的基本都是建水和通海人。宜良跟弥勒人合伙卖米卖豆。至于卖菜的营生，则基本被玉溪人抢了去。

就这么着，人越来越多，行当也越来越多。原来的个旧厂，就这么变成了个旧城。

到了近代的时候，江西、湖广的外来人，应了那富不过三代的说法，逐渐式微，个旧城的主人变成了建水、石屏人。你能想象那时候建水到个旧的路比现在看起来还要热闹吗？

要是有卫星的话，也许那时候看个旧与建水之间完全被一条线连接在一起了，一条由马帮、牛帮画出来的线。他们运粮食、蔬菜和各种日用品到个旧，供不应求，日夜川流不息。到后来有了火车，建水、石屏与个旧之间的联系更是越来越紧密。一边抽出个旧大锡的血液，一边输入生活的血浆，硬生生造出了一个名声在外的工业移民锡都。

后来新中国成立了，中央看到个旧矿业因战争而受到严重打击，于是从全国各地抽调了大批的工程技术专家、学者、党政干部到个旧来（放现在很难想象）。个旧矿业在原有基础上到现在的几何级发展，就是得益于这群高人打下的基础。

就这样，不断有新人到个旧扎根，即便是现在，云锡内部也引进了大批的外来技术人才，并通过各种挽留手段让他们在个旧长期生活下去。

几百年看下来，不难知道，移民是个旧一次又一次焕发新活力的动力所在。这是一座移民开拓出来的城市。从这一点看，与香港不谋而合。

所以人家说个旧是小香港，并不只是说这里的精致和美感，从另一层上看，感染他们的，是这座移民城市深层次的活力。

百年云锡的伟大变迁

百年前，这个靠马驮出来的小香港，靠着无数的各地移民完成梦想的推动力，终于从个旧厂，变成了个旧城。

从古至今，无数人的努力和打拼，历史的进步犹如能工巧匠的双手，终于打造出锡都个旧这颗矿业明珠，虽然它看起来还那么朦胧，但云锡的出现，改变了一切。

最原始的云锡人，一手缔造了这个全球最大的锡业王国的基础，完成了个碧石铁路这个接通现代世界大门的壮举。

第二代的云锡人，真正开启了云南现代工业文明的进程，并在一场步步惊心的金融战争中战胜了外来的殖民者，云锡带领云南，代表中国，面向世界开始发出自己有尊严的声音。

第三代的云锡人，在那特殊的年代，通过难以想象的努力，终于保护了云锡的血脉，使它完整地投入了新中国的怀抱。

第四代的云锡人，坚守住技术进步的原则，并没有因为任何外部因素而让云锡在残酷的历史大潮中被淘汰，要知道在那个时代这是多么了不起的成就。

第五代的云锡人，成为改革开放的弄潮儿，把云锡一步步推到了世界的顶端。

今天的云锡人，正在用超脱于百年云锡矿业以外的眼光，审视自己的得失，跨越前进的瓶颈。

为什么说的是个旧，却一直在讲云锡？

试问有多少企业，能靠一己之力支撑起整个城市，然后将发展的力量跨越红河，散播到全省、全国乃至全球。更何况这企业所在的地方，在地图上看来是那么不起眼。

没有云锡，没几个人会知道个旧，锡都不称其为锡都，不可能有如今的繁华景象，也不可能有未来未雨绸缪的华丽转身。

云锡的变迁，福泽着每一个个旧人的生活，也事关未来个旧似锦的前程。

百年云锡矿业，往大处讲，也许有很多意义，可以说上三天三夜，可是从细节上说，便是让每个在这片土地上的人有了依靠。无论是物质的，还是心灵的。要知道，伟大的东西，往往是从细节上看出来的。

壹

ONE

硔王的宝地

个旧是云南工业文明的发祥地，关于大锡的一切，在这里都可以找到传承和发展，人们把这个充满历史文化内涵的地方，称为“硔王的宝地”。

“硔”意为最好的锡矿，在锡都人民的心目中是神圣而高贵的珍宝；“硔王”则是一个集勤劳智慧、开明进取、仁厚守德、坚韧执着、百折不挠等美德于一身的锡都人民敬仰的开矿者形象。祭拜“硔王”已成为百里锡山祖祖辈辈劳动人民的一种文化传统。

天降的奇迹

远古的传说

个旧的历史，可以上溯到两千多年前，是充满了神秘的红河岸边，传奇的起源。

说实话果作（彝语，意即种荞子、吃荞饭的地方。“个旧”就是以彝语“果作”的音译演化而来的，实际上，个旧境内这样有意思的地名还有不少，很多旅游者喜欢一路念着这些稀奇古怪的地名，玩转锡都的山水）不是一个很好的地方，这里的阴山又高又陡，要下去好麻烦，稍不注意就会一路滚下去，运气不好命也送了。所以很多年来，能在这里扎根的也就那么几户人家。生活也很简单，每天就在阴山山脉上，或近或远，要么一个人打猎，要么几个人打猎。生活对我们来说很简单，就是打猎，然后用猎物换个女人，生几个小孩，然后教他们打猎。当然也可以种点什么来填饱肚子，但到处都是白色石头的山上，庄稼的收成总不会好到哪

里去。

忽然有一天，这种悠闲的平衡被打破了。因为从一个叫作中原的地方来了一群人，他们的穿着很奇怪，可是非常厉害，要是打起架来，就算山里最有经验的猎人也不会是他们的对手，这让我们半夜都有点睡不安稳。

他们的头头手里有个印，好像是从一个比他们更厉害千倍的人那里拿来的。果作的人们完全无法想象，能比这群人还厉害千倍的，那还能算作是人吗？就算是彝王，也不见得有这样的能力吧？

说回这个印，山上的人们根本就没看过那样的花纹，他们告诉我们这花纹叫作汉字，是一个叫大汉朝的地方用来讲故事的东西，印上的字就是他们领头人的称号。他们还说，包括果作在内的这一大片绵延的大山，其实本来就不属于彝王，而是中原那个叫作皇帝的家伙的土地。皇帝现在发现这里有宝贝，所以派了他的朋友过来挖，挖出来大家就能过上好日子，至于他的朋友，我们只要尊他做董辅王就可以了。我才明白，原来那印上刻的名字就是“董辅王”三个字。

红河岸边的先民

红河岸边勤劳质朴的人民，那个时候已经开始从事矿业相关的劳作了。

对于这些说法，我们其实是不大相信的，这山里我们跑了不知道有多少遍了，哪里有棵什么树都清楚得很，有时候也挖点东西，但除了石头就是长虫，哪里来的宝贝？不过没办法，不管我们信不信，反正连彝王都信了，而且有跟他亲近的人跟我们讲，你们每天在山上打猎，没见过世面，有些白石头其实可以换你们好几头野猪呢，而且这事也不是干了一天两天了，有些心思活络的人，早就用这些石头从滇王那里换了不知多少好处了。

想想也对，如果没有人挖过这些宝贝，董辅王他们又怎么会从万里之外找到这里，难不成那个叫皇帝的家伙真是个神仙？

后来董辅王派他的手下过来跟我们说，你们虽然身强力壮的，但靠打猎也不一定吃得饱，过来帮我们挖宝贝，管住管饱，要是高兴，连你们女人娃娃一起带过来，我们也管吃管住，只要你努力背石头就行了。

听说还是有不少人动了心，毕竟出去打猎虽然自由，但总得看天吃饭，运气再不好点，还有生命危险，背石头虽然累点，可总好过朝不保夕地到处跑。

我想了想，决定自己先过去探探路，如果背石头真是比打猎好，那我就干脆把全家人都接过去在一起算了。

他们让去的那地方叫冲子坡，距离我们这儿小两百里，我和隔壁的伙子一人背了一大条肉干当吃食，就往那边去。

心里并不是太赶，我们走了大概五天的样子，远远看到一大条河，红彤彤的，就像下雨天从土堆里冒出来的，我们从来不知道原来离我们不远的地方，还有这么一条河，这让我们很羡慕，要知道在果作阴山上，喝水并不是那么容易的。

珍贵的遗迹

个旧是一个充满了历史遗迹的地方，很多珍贵的文物，都是从这片神奇的土地上发掘出来的。而很多年前，这些遗迹所在之处，甚至已经因为锡矿开采而形成了繁华的市镇。

拐了好多座山，九转十八弯，我们总算是在第七天到了冲子坡。

这里一点也不美，至少跟阴山上一片片挺拔的树林比起来，这里的景象太不自然了些。他们早已把一大片树林给砍掉了，砌起来一个炉子。我听说天上的神仙是可以用炉子炼丹吃的，吃了长生不老，莫非这冲子坡的白石头里藏着的宝贝，就是一颗颗的丹药不成？

后来一起背石头的人告诉我，这个叫作冶炼炉，是拿来化石头用的。虽然他讲得头头是道，但是我却不信，纵使还有个烧炭窑，但石头哪里是火能烧化的？肯定是那些炼丹的人不知道放了什么奇妙的东西做引子，才能把里面的宝贝取出来。那绝对是一门高深的把戏，不然为何管冶炼炉和烧炭窑的人，吃食总是比我们背石头的要好些？我暗想，如果有机会，一定要学会这个法术，那才算过上好日子呢。从这上面看，董辅王倒是没骗我们，只是这其中好处得自己努力才能得到，就跟打猎一个道理。

另外还有个叫柱洞的东西，我们也不知道拿来做什么的，但可以肯定的是，炼宝贝这事情，两三个人是不可能搞定的，得一大伙人，各自有分工，才能把这玩意儿掏出来。

小贴士 *TIPS*

冲子坡古矿冶遗址在个旧市区南 45 公里陡岩村与小箐口之间的一个小冲子坡上。1993 年 5 月，在近万平方米古冶炼遗址范围内，发掘清理了汉代两座炼炉和一座炭窑，出土了锡锭、银饰、汉五铢、原始釉陶罐和大量的铜、锡炉渣。为东汉时期的古矿冶遗址。《前汉书 · 地理志》载：“贲古（县名，今蒙自、个旧一带），北采山出锡，西羊山出银铅，南乌山出锡。”根据遗址所处地理位置以及出土器物看，充分验证了史书记载的准确性。

滇王带来的智慧

个旧锡矿的开采因滇王需求而诞生，与之相关的智慧与信息，也是后来成为滇王的人，在战国时期传入此地的。

来了也算有一段时间了，虽然确实能吃饱，可是这背石头的活儿确实辛苦。而且好久没见到婆娘和娃娃，心里总不是那么舒坦。特别累的时候，也想过自己偷偷跑回阴山，去过以前自由自在的打猎日子算了，但一看到那几个老扛着青铜斧子走来走去的保安，我就觉得这不会是一个明智的选择。

每天抱着陶罐吃饭的时候，我总是忍不住摸摸口袋里发的五铢钱，安慰自己再背几年多攒些钱，我也自己回去开个尖子，算上贡给董辅王的那部分，其实还能赚不少呢，这样一想，也就平静了许多。

晚上闲下来的时候，我们就坐在一起吹牛。我问他们到底那大汉天朝是怎么知道果作这边的白石头（现在我才知道，原来他们提炼出来的东西叫作大锡）是值钱宝贝。他们说其实这消息也是从滇王那里泄漏出去的。

滇王本来也不是咱们南夷这边的人，据说是从东北方向千里之外的一个大湖的南边过来的，当时那一片还不叫大汉，而叫楚。这滇王庄蹻原是楚国的大将军，是个苗裔，当年打到这片来，无往不利，可是想回去的时候，遇到了麻烦，前思后想，觉得还不如在滇地做个土皇帝来得自在，反正彝王什么的也不是他的对手，于是就住了下来。

既然是土皇帝，那肯定要置办些家用，金银铜铁的器具铸了不少，可有些东西像茶罐、酒杯什么的，用大锡弄出来又别有味道，什么铜案、饰扣、兵器、礼器之类，更是不能少了锡来拼配。于是到处派人打听勘察，总算发现南乌山果作这一片上，到处是这玩意儿。

土皇帝喜欢的东西，下面的人怎能不尽心尽力去置办？无利不起早之下，自然就有人开始在这里挖来挖去，既讨了欢心，又赚了钱币，两全其美。

天下没有不透风的墙，滇王知道的东西，那神一般的大汉皇帝，又怎么会不晓得呢？所以董辅王大人来这里策动我们背石头，也就顺理成章了。

锡矿的由来

每个地方都有自己的美丽传说，充满魅力的锡都自然也不例外。

不过还是有个问题我们吹了好多次，也说不清楚。那就是这些大锡是从哪里来的？为什么以前都不知道，那庄蹻一来就找着了呢？

有人说那只是我们认不出这事物罢了，其实大锡是早多少万年就有的东西。其实阴山就是个女神，而对面的阳山是个男神，他们几万年才能化成人形相会一次。相会之后阴山怀上的胎种，生了出来就是金银铜铁锡，说起来，这宝贝就是阴山和阳山这对神夫妇送给夷人的宝贝，是天赐的奇迹。

结果有天董辅王的手下过来出差，听到我们说这个，他就笑我们，说山就是山，就算真是神，两个小小的山神又哪有本事弄得出这多的宝贝来。

说的人不服气，就问他，那你说这些宝贝哪里来的。那人一脸得意地说，我们读书的时候先生教的，当年别说大汉，连大秦都还没影的时候，黄帝和蚩尤两位大神为了争夺中原地界，打得风云变色，手下的水神共工氏打出了真火，怒拆天柱不周之山，结果天倾西北，地陷东南，大雨如注。眼看着这地界就要毁了，那还争来干吗？这时女娲娘娘挺身而出，炼五色神石补天，方才完好如初。剩下的石头就散落各地成了宝贝，正好她看到西南夷民喜欢银锡，所以洒落过来的都是银锡宝石，这才有了果作山里的大锡呢。说起来这也是女娲娘娘的恩赐，天赐的奇迹。

说完大家恍然大悟，纷纷赞叹有知识的人就是不一样，看来我们都错了。可是没多久，一个巫医到尖子上来帮受伤的工友看病时，闲谈里说起，却又是另一番说法。

另一种传说

他讲的是王母娘娘宫里有一对金童玉女，互相爱慕之下，决定违反天条私奔，可私奔也得有一技傍身，于是两人一合计就偷了娘娘的七彩丝线，跑到人间一个叫贲古的地方，也就是现在果作的这一大片地界上。有七彩丝线的帮忙，这男耕女织的日子倒也过得有滋有味。

可天宫是有规矩有组织的地方，讲究个早请示晚汇报，所以娘娘没多久就发现他们偷了七彩丝线私奔的弥天大罪。王母娘娘很不高兴，你们吃我的睡我的，还勾搭起来偷我的，这要众神都效仿那还得了？于是责令雷公电母去搞定这事。

第一夫人怒了，雷公电母哪敢不放在心上，于是急冲冲跑到果作，就看到金童正把七彩丝线织的衣服披在玉女身上，你侬我侬地秀着恩爱。雷公电母也是懂爱的人，实在不忍心拆散他们，可是娘娘的命令哪敢违抗，只好就地处置。

祭起法术，霎时间天地昏暗、电闪雷鸣、狂风大作、瓢泼大雨。金童立马知道糟糕上面来人了，奋不顾身就抱住玉女保护她。怎奈雷公法力无边，瞬间炸雷将其秒杀。他就这么匍匐在地，成了低矮的阳山。而玉女站着死去，变成了挺拔的阴山。虽然悲惨，却至少还能永远看到彼此。而那披在玉女身上的七彩丝线，也就此散开，在老阴山上生成七彩宝物：红的是铜、黄的是金、蓝的是铅、白的是锡……

说到这里，巫医讲得很是用情，我们也听得异常感动，想来这确实很有可能是真的。这样说起来，果作的大锡就该是金童玉女用万年道行和生命换来的宝贝，得有多少曲折才能恰好生在这里，那也算是个奇迹了。

后来我们再回想这些种种由来，发现各有各的道理，也难以断定哪个是真哪个是假。但有一点却很肯定，这大锡，必定是上天赐给我们的奇迹无疑。

也不知道这个奇迹，以后真能给我们的子孙带来好日子么……

汉地之边的金山

在云南省博物馆，珍藏着一件稀世国宝——三枝铜俑灯。铜俑五官突出，具有鲜明的西南少数民族特征。他头顶一盏灯，两臂伸开上曲，双手各执一盏灯，呈对称状。这件汉代青铜器是国家一级文物，曾于1992年在北京故宫参加中国文物精华展览。这件文物，正是来自个旧黑马井。

黑马井的遗迹

我是个矿工，我爹是矿工，我爷爷还是个矿工。自祖上从别处搬过来，到我已经是第四代了，绝对的个旧本地人，不信你去问问，锡都能有几家人是四代都在这地方的？不过我家运气不好，这么几代人也没有出个自己开尖子的，只能帮人家背塃，什么时候我得去拜拜赵老祖公，给自己加持点运气。

但今天要说的不是我那可有可无的家世，我要说我们以前孤陋寡闻，差点把国家的宝贝给毁了的事情。

我是在黑马井背塃的，说实话这真不是个多好待的地方，荒山野岭的，就算赚到两个钱也没地方花。

那是1988年的时候，有天我们正在死眯阳眼地干着活，都跟平时一样，拿高压水枪把塃冲出来，再到下一步。冲掉了土，却忽然之间看到一个陶罐。我们第一反应就是哪家无聊把垃圾给埋这儿了，于是就直接用高压水枪把那陶罐给冲得稀巴烂。那感觉就像小孩子玩水枪，挺开心挺刺激的。结果又冲掉了另一些土，露出更多的陶器来。

我们在矿上也没啥娱乐活动，忽然出现这么多陶器，用水枪打起来像游园活动似的，大家都玩得不亦乐乎。

后来我们发现冲出来不止陶器，还有些硬邦邦黑绿黑绿的东西，有人拿起来把玩了会，说这是青铜。这就有点不对劲了，谁家会把青铜乱丢呢？

大家都意识到可能是挖到哪个了不得的人物的坟了，要是这样的话，那我们岂不是毁坏了一些文物？真是罪过啊。不过咱们锡都人拿得起放得下，我们也不知道这是个坟啊，又不是故意的，赶紧收手就算是保护了吧。那些坏了的东西，能用就用，不能用就这么着吧！

不过有些顽皮的伙子还是没玩够，依然在打水仗，正在开心的当头，只听一声气急败坏的怒吼：“住手！你们知道这是什么吗？！”

抢救与保护

“这是国家的文物，你不能随便拿走的。”

“好嘛我知道错了，待会我还回来就是了嘛。”

“拿去干吗了？”

“我觉得这陶器挺好看的，拿回去住处栽花了。”

……

“你知道这是国家的文物吗？你们这么做是不对啊！”

“领导我确实不知道啊，如果我知道这是文物我早就拿去报告了。”

“你拿去干吗了？”

“额，我只以为是废铁，还挺重，卖碗米线钱也是好的啊，所以就卖废铁去了。”

……

个旧博物馆的专家张宗凯拿着破碎的陶片，心里不停地滴血，但是又无可奈何。看看这墓穴里的东西，提梁灯、铜镜……很明显都是汉朝的文物。赶快抢救！他心里翻来覆去都是这几个字。

追到了矿工们的宿舍里，青铜器的碎片乱七八糟堆了不少在角落里，想来是还没有来得及卖废品的剩余。他心想时不我待，立马跟市里打报告，很快黑马井汉墓考古的事宜就安排下来，省里也来了专家。

不过他们却没有得到什么大的发现，残墓里剩下的东西屈指可数，大量的漆器已经面目全非，最大的发现，就是一枚肥皂盒那么大的绿松石董辅王印。从学术上说，这枚印果断是价值连城。个旧之前也不是没有挖到过古墓，但这可是唯一能证明墓主名字、唯一有汉字在上面的东西。完全能够证明早在汉朝，红河地区就已经跟中原坐在一条船上了。

可是再好也不够，这么大阵仗，挖出那么点东西，以董辅王跟大汉的关系，不仅面儿上挂不住，逻辑上也说不过去啊！

大型墓葬的发现

省里来的专家是很忙的，挖了段时间，发现董辅王的坟实在不给面子，只好离开了。

如果董辅王有在天之灵的话，肯定蛮得意的，身为一方之主，要是老子的坟随

随便便就能被你几个刨了，那陪葬的宝贝还留得到现在么？

估计张宗凯也肯定考虑过这种问题，从古到今的一方老大，哪个不是要死得风风光光？随便挖个坑丢点陶罐铜器，连着印章一起埋了两三座就算完事，那人家做鬼也不会放过这些手下啊。所以这绝对是一个大型的墓葬群，问题只是其余部分埋哪儿了。

他像中了毒一般，又回到了黑马井，到处跟村民搭讪：“你们山上挖到过东西没？”村民也老实：“多了，荒草丛里多的是破铜烂铁哩。”这话一听就有戏，十步之内必有解药的节奏啊。他有点小激动，雇了几个老乡，顺着之前发掘过的路线向周边做地毯式搜索。搜过的地方越多，张宗凯就越激动，董辅王的大型墓葬整体脉络越来越清晰了。

最后，终于到了打开剩余墓葬，见证奇迹的时刻……

小贴士 *TIPS*

黑马井汉墓群在个旧市城区南 40 余公里卡房镇黑马井村西一平缓的山坡上，面积近万平方米。1989 ~1995 年间，曾先后三次进行抢救性发掘，发掘面积 1500 平方米，清理古墓 15 座。

黑马井汉墓群出土了青铜器、玉石器、漆器、铁器和陶器（原始釉陶罐）、五铢钱等 300 多件器物。有一颗刻有“董辅王”字样的方型铜质印章，另有 1 件铜胡人俑灯被定为国宝级珍贵文物，时代为东汉。

黑马井是东汉时期历史文化的重要遗存，直接证明了西汉末东汉初，云南大部分地方包括滇东南一带，不仅在政治上被纳入中央政权，而且在文化上和经济上已经逐渐与中原融为一体了。这对于云南边疆的历史文化发展、有色金属的开发与利用具有重要的历史价值和研究价值。

倘甸遗迹

作为一个在倘甸土生土长的人，我对我们家门前这大块地从来只有一个想法，那就是挺适合种东西的，特别是葡萄和柑橘，那味道简直是……我读书少形容不来，反正你买了还会再买的。

所以说我们祖祖辈辈还是很聪明的，人家都跑到个旧去挖塃干大钱的时候，我们就在周边找一块肥得流油的土地，这才算是人家说的蓝海战略啊。你挖矿总得吃饭吧，我们的菜卖给你们多赚两文就好了。再说种地虽然辛苦，但跟背塃比起来那简直就是舒坦得一塌糊涂啊。

说那么多题外话干吗？意思就是说，因为这块地很肥，所以我对于几千年前就有人住在这里毫不惊讶，这种世外桃源一般的地方，作为后勤供应基地，进可攻退可守，要是先人看不到这一点，在那种野兽横行的年代怎么活得下来？

能从新石器时代一直繁衍到战国时期，然后又到现在，可以说明一件事情，靠着一座金山做蓝海，不管换成谁来管，混口饭吃妥妥的。而且你看看那些陪葬的东西，我们的老祖祖守着蓝海战略，想是还赚了不少银子呢。

小贴士 *TIPS*

1. 倘甸新石器文化遗址在个旧市城区北20公里倘甸村东隅标杆坡上，海拔1400米左右。1993年3月~4月，进行发掘清理，出土了磨制石器、陶器等70多件，其中有一件长4.8厘米、宽3.5厘米、厚1.5厘米的石雕人头像，造型美观，小巧玲珑。时代当为新石器时代中晚期。

2. 石榴坝古墓葬群在云南省红河哈尼族彝族自治州个旧市城北20余公里倘甸村西南小山坡上，为战国时期墓葬群。1987年7~8月，发掘清理古墓24座，出土青铜戈、锛、凿、刀、陶盘、罐、纺轮、玉、镯、玉管、珠、石锛、砺石器物130多件。上述青铜器造型优美，具有红河流域青铜文化地区特点。

碘王的前世今生

大汉碘王董辅王

董辅王，被认为是个旧历史上第一碘王。

当年家里力劝我不要跟着董辅王先生到贲古来，其实是很有道理的，这里交通不便，要回老家难如登天，而且参天的森林里，瘴气蛇虫防不胜防，任哪种来一下都直接驾鹤西归。还不如努力学习，考个中原的公务员当当，到时候吃香喝辣，老婆孩子热炕头，这才是人间正道呢。

不过我还是来了，董辅王先生在贲古，简直是皇帝一般的人物，说往东谁敢往西？中原的英雄人物如过江之鲫，我这祖上八代贫农的小角色，想要登堂入室不知道哪辈子才能实现。在董辅王的地盘，铸币是咱们搞，铸兵器是咱们搞，祭祀和生产用品还是咱们搞。别以为督造大人是小角色，跟着他，来拿钱的要给面子，来拿兵器的要小心翼翼，来采购其他东西要天天赔笑，可不比在中原快活多了？这年头，什么都是虚的，就跟着董辅王先生赚大把的大泉五十（汉代通用铜钱）才是实实在在的。

今天实在是个让人伤心的日子，不仅我伤心，我们跟随董辅王先生的一众兄弟都很伤心欲绝。照顾我们很多年、带领我们吃香喝辣的董辅王先生，抵不过上天的召唤，扔下我们先走了。

不过我们要忍住伤心，董辅王先生对我们一向不薄，他的丧事我们要办得体体面面，让他的在天之灵能安心地长久保佑黑马井，让我们的子孙以后也吃香喝辣。

首先他最喜欢的那三把宝剑和佩玉，一定要跟他一起下葬。虽然我们都喜欢那三把削铁如泥的好兵器，不过死者为大，我们哪能夺人所爱？其他武器也少不得，大人在世时威武雄壮，过去了也一定是护卫随身。

然后到了那边，想必也是要孔方兄开路的，所以五铢钱要多放一些。

其他的嘛，铜俑灯是先生最喜欢的玩物，可别忘了跟朱雀灯、提梁壶、聚宝盘、香炉放在一起。还有千万别忘了董辅王印。唉，也不知后人会不会念错，那不是董辅国印，是董辅王印，虽然看起来很像是前者。

好了，细节上的事，就让砂丁们去办吧，我现在要去哭一下。

元末硔王卫定疆

个旧历史上的第二位硔王是卫定疆。

现在已经是民国十九年（1930年）了，我们的思维方式不能老是停留在清朝留下的那一套上，现在的社会竞争那么激烈，想要出彩，不策划点有影响力、有广告效应的活动，是很难的。

所以我们这次决定用民间有口皆碑的硔王卫定疆先生为主角，来作为我们个旧建阳文学社扩大招生、发扬光大的助力。

卫定疆先生是个旧厂民们认可的祖师爷，是最早到个旧开矿的先驱者。元蒙末年，他经商到滇池边，听说滇南盛产大锡，于是义无反顾来个旧办厂，支持地方发展。直到七十二岁去世的时候，还没有子嗣，把自己的一切都献给了锡都，献给了个旧人民，这种精神实在值得我们永远怀念和学习。

他生于三月初六，忌辰为八月十二，我建阳社高人夜观天象，惊觉此时间正合上天硔王现世期限。正因为他是天上派下的硔王，所以才会一生正直不阿，做生意诚信为先，对待砂丁宽厚平和，就像对待自己的儿子一般。他的所作所为，点滴功劳，上天全部查无遗漏，特封为开山硔王。所以嘱咐我等天子门生，要勤加操持，好好把这个旧锡厂硔王名头发扬光大，以显上天好人有好报之德。

这些事迹，我们要把它刻在碑文上，名字就叫作《崇祀开山硔王序》。然后发动群众，在云庙关圣殿左面建盖硔王殿一座，里面放上柏木“个旧开山硔王之神位”。这个地段身处个旧CBD区域，绝对的人潮涌动，对我们的形象塑造很有好处。至于祭祀活动，现暂定于四月四日进行，会期三天。如果效果好，我们就把它办成一个长期的活动。

我们预计这个活动在硔王卫定疆老祖的保佑下，是一定会成功的，我们建阳文学社，也一定会成为个旧第一文化组织，流芳百世的。恳请董事会批阅拨款为谢。

大清硔王赵天爵

个旧历史上名气最大的硔王，是赵天爵。

说起赵天爵，可能还有些年纪小的个旧人反应不过来，但是说赵老祖公，在个旧若是襁褓里的婴儿会说话，也会眉飞色舞跟你来上一段评书。

赵老祖公发家不容易啊，从通海百里迢迢来这边发展，怎奈一来就去闵家洞采了十八年的贫矿，挖出来的东西连温饱都保障不了。人生能有几个十八年？再这么下去别说硔王，硔孙都轮不到呢。

虽然他平常对砂丁非常好，不拖工资饭吃饱，自己怎么惨也扛住大家的伙食，但是水缸也耐不住天天大瓢舀，面对越来越紧张的资金状况，他必须做出经营上的调整。于是赵老祖公想了个一劳永逸的企业战略——跑路。当然人家讲义气，不像现在某些拖欠农民工工资的混蛋，老祖公是抖抖荷包，只留了点路费，剩下的全都扔在桌上当遣散费了的。

但万万没想到，跑路也不是个好干的活，到半路被一条蓝蛇给挡住了去路。为什么挡路呢？这是给赵老祖公送钱来了，他正愁着跑不跑这个大问题，挖了这么多年总算找到了富矿的砂丁们二话不说把他给抓回去发财了。

所以诸位看客，您要是哪天觉得人生迷茫的时候，走在路上忽然遇见蓝色的大蛇，千万不要惊慌也不要跑，就坐那等着，一会就有人来给您发奖金了。

赵老祖公的运气不错，而且他为人稳重，发财了也没得意忘形，深谙独乐乐不

如众乐乐的人生哲学。于是他修了宝华寺，跟大家分享自己的好运，所以如果在逢年过节时候去宝华寺和文庙，你就可以感受到沾染点赵老祖公运气在个旧是多么炙手可热的事情。

所以在锡都人心中，赵老祖公有三宝，人缘、仗义、运气好。没这三样，他就不可能成为锡都矿业界富甲一方的人物，从而争夺硔王称号。

先说人缘，怎么来的？苦来的。作为一个矿老板，在没有发起来的时候，不论挖出来的塃多么贫瘠，你都要有打掉了牙往肚子里吞的气魄。砂丁们的工钱没发完，你不可以把钱往自己兜里揣。白饭只够砂丁们吃，那不好意思你只能吃糠喝稀。资金周转不灵了？那抵押贷款必然是你一马当先。成本居高不下，宁愿送自己的老婆女儿回乡种地，也不能阻碍兄弟几个夫妻团聚。

再说仗义，对于赵天爵祖公来说就一点，收拾细软跑路的时候还要记得把剩下的那点钱分成几份，作为工人们的遣散费。这种做法看似缺心眼，反正都要做坏人，何不做到底，但实际上此乃具备大智慧的仗义行为。凡事留一线，日后好相见嘛。这样做的好处是砂丁们找到富矿之后第一时间是寻找老板回来分享快乐，而非占为己有，这种劳资关系之和谐简直令人发指。

最后说运气好，赵老祖公那必须是运气好的典范，正值走投无路之际，天降富矿，拯救硔王于水火之中，成就一段有志者事竟成，老天赞赏兄弟情的好戏。

这三宝由赵老祖公的粉丝们代代相传，到了现在已经成了锡都人为人处事的标准，那就是有人缘，好仗义，结果肯定运气好。

小贴士 *TIPS*

其实赵老祖公的三宝，正是个旧人的三宝。锡都人民爱好交朋友，人缘不好心里就不得劲。交完朋友也会经常联络，有事找朋友帮忙多过找亲戚，这是风气。至于个旧人的运气，能够生长在锡都，守着宝山，本来已经是运气好了。要不怎么赵老祖公是个旧人心目中最纯正的硔王呢？因为大家的性格都已经按照他的标准来了，还能没有认同感么？

个旧每天各种可聊天的场所都非常热闹，人们常以聚会谈心为乐，而最大众化的喝茶聊天地点莫过于怀源芳圃里的竹棚茶室，里面的格局也符合个旧人交友玩圈子的习惯，三教九流汇聚，最低消费十元，绝对是了解个旧最草根聊天文化的好去处。

赵老祖公的面子，一站式拜山头

在很多文艺作品里，一个很有本事的人，到了一个机会多多的地方，在开始大展拳脚之前，都要去拜拜码头。

桥段都是先互相捧捧：久仰啊，听闻兄长在此地这行也是翘楚一位，我现在也有点专业水准算是资深玩家，准备来贵地发展，为经济建设贡献微薄力量，绝不是来抢生意的，希望兄台给个机会，大家互相照顾把生意做大。

这边也就按规矩来：我呢有点名气，也不是小气的人，有本事的才俊欢迎来发财，但我也不知道你是不是真的有本事，所以咱们得在专业上比划一下，你说得我心动那我就支持你。

于是大家就开始交流，最后皆大欢喜，共同进步。

在个旧就不用那么麻烦啦，而且我们的码头也没什么好拜的，金湖才0.7平方公里，再小的龙王都容不下个，拜谁去呢。再说开矿你得拜山头啊，问题山头哪里拜去？这又是个大问题。

于是前面提过的那群文学社的广告先锋，就策划着把硔王殿给弄了起来。为以后来锡都发展的同志们开辟了一站式拜山头的便捷。

而且据说，仅仅是据说，赵老祖公留下了三片瓦在他修过的庙上，只要你找到了，去开矿那是无往不利。这样说起来他能发财说不定是受到了哪路神仙的指点。

小贴士 *TIPS*

这绝对是传说，倒是有很多矿主去祭拜了之后就找到了富矿发了财的，其中就包括后来大名鼎鼎，个旧三子中的李恒。但那是因为依靠科学的勘探，绝对不是因为传说。所以每年大年初一零点到文庙和宝华寺硔王殿烧头香的汹涌人潮，都是在相信科学的基础上去寻找美好祝愿的，您一定要相信这一点。

同乡的力量

但凡历史上开矿的地方，来了基本都能感受到别致的会馆文化，看到历史遗留下来的独特建筑。个旧的会馆是明清时候开始建的。那时候正属于初级积累阶段，虽然开采效率不是非常高，但是发财的人却不少。

会馆的面，同乡的脸

能发财的地方，自然什么人都来，放在那年头，个旧山高皇帝远，实在说不上多少法制，作奸犯科的事情必然少不了。不少人拉帮结派，仗着自己拳头大，一看到别人找到了富矿就眼红，看到别人卖了大钱就心动，欺行霸市、强抢尖子的事件，发生的不是一回两回。被抢的也不可能坐以待毙，再加上那些想要黄雀在后的，整个局面一团乱麻，械斗命案层出不穷。

要等封建政府来管这些事情，调节这些关系，不知道要等到猴年马月。所以得找到人团结起来，一致对外，才不至于被人家抢了好处。你说人在外地打拼，还有什么比老乡更容易团结的呢？两眼泪汪汪之下，个旧的同乡会如雨后春笋一般出现了。

有同乡会，必然要建会馆，面子是怎么都要做好的。于是个旧出现了很多知名的会馆，比如四川的川庙街，原来就在和平小学里面。江西人在江川巷建了梧州会馆，又在吉安街建了吉安会馆。广东广西人在天君阁外（今红河大酒店）建了两广会馆。

至于云南省内的同乡会，盖的会馆就更多了，临安会馆、石屏会馆、玉溪会馆、蒙自会馆……小小的个旧，最多的时候，同乡会馆竟然有十八家！

从同乡会的角度来看，会馆为纽带的组织，保护了他们自己的利益。而从我们后人的角度来看，根本就是建筑艺术的一次大爆发。各个会馆为了给自己长脸，都拼命展现自己的故乡文化，但与原汁原味的故土会馆又有所不同，毕竟是在锡都，靠大锡吃饭，所以总得在风格上讨各种彩头，希望带来好运。

这样的融合之下，渐渐形成个旧锡文化极其重要的一环——锡都建筑文化，你说是不是无心插柳？

小贴士 *TIPS*

随着城市的改造，很多会馆已经消失在个旧的历史长河中了。石屏会馆则幸运得以保存，它的位置比较高，紧紧挨着宝华公园。当年爬到最高处，是可以看到个旧全城景色的，所以能够以此来估算一下当年的个旧城有多大。傍晚的时候去，看着古今交界之处，夕阳洒尽最后一丝余晖，景虽小，却美不胜收。

冰火两重天的际遇

大锡是一门生意，既然是生意，那必然是有人能获利，有人得赔钱。获利的人，自然得到大家口口相传，交口称赞。而赔钱的人，则籍籍无名，在平庸或潦倒中垂垂老去。不管从哪里来的人，都经历着这样的分化。

这是市场的规则，也是生活的法则。但人既然存在，就会想要努力留下存在过的足迹，成功也罢，不成功也罢，总得留下些念想给后人。

所以发达了的人，给后世留下了朱家花园和团山古镇等遗迹，而没落的人，则留下了走厂调之类的文化。

朱家花园是两万多平米的豪宅，里面有大小天井42个，房屋214间，到处是陡脊飞檐、雕梁画栋，如迷宫一般，还到处都是字画和山水造景。

这栋房子得值多少钱？没法算。当年地还是人家自己的呢。那钱从哪来的？除了来个旧开矿不可能有别的来源。都是朱渭卿家几兄弟在个旧发达后的成果。

再说团山古镇，光是那张家花园一处，就有房屋119间，大小天井21个，大小门100道，鱼池和亭台楼阁等等不计，更别说古镇里面的大宅子还不止张家花园一个了。现在那些买了套别墅就得意忘形的人，相比之下真是太小家子气了。

这些大宅子从哪里来钱盖的？依旧是张家几兄弟在个旧开矿的所得。

诸如此类的事情，在历史上不知道上演了多少回，小小的个旧，究竟养活了多少人，富裕了多少家，实在是没法数得清楚。

不过正如前面说的，不是每家人都能赚得到钱，盖得起宅子。那些只是去打工的砂丁，际遇又如何呢？听听走厂调就知道了。

砂丁们流传下来的小调，串在一起吟唱，就是走厂调。通过很多细小的事情，讲述了建水人离家走厂的故事，有场景，有细节，还相当悲凉，算是完整地还原了那一段历史内砂丁们的生活状态。

最早的个旧矿区，生活条件相当差。市区的正街（现人民路）一带茅草丛生，豺狼出没；老阳山脚下的石崖下俗称化子洞，挤满了因伤残而被赶出来的流离失所的砂丁。

当时最流行的走厂调唱词是这样的："六月里哟热泱泱，窝路矮㦜低难挡，鹞子翻身葫芦口，麻蛇脱皮钻矮镶。七月里哟七月七，手扳棚子眼泪滴，兄弟问我哭哪样？脊背沟沟拉出血……个旧矿山阴森森，处处都设鬼门关，来了就别想回去，活人掉进死人坑。"

由此可见个旧百年前矿业的发展，是由多少一将功成万骨枯的残酷造就的。与那些朱家、张家的祖辈相比，多少人甚至连名字都没人知道，仅仅只是时代发展的垫脚石。

应该感谢他们，没有他们的一代代人的汗水，哪里会有现在锡都个旧的美好景象呢？所以个旧才在金湖文化广场边上，铸了诸多的矿工铜像，重现他们当年艰辛的劳作场景，也算是纪念了那段不该被忘却的历史。

小贴士 *TIPS*

朱家花园和团山古镇，至今仍是建水的重要景点，具体的内容可以参看本套系列图书中的《千年临安古城》部分。而走厂调，可以在网络上搜索到相关资源，平淡的话语之中，缓缓诉说着当年生活的不易。处世的艰辛，让人沉醉其中，不免动容。

当世为人杰

云锡的历史，就是个旧的近代历史，没有云锡，就没有现在的个旧。而云锡更是云南现代工业的摇篮，没有个旧，云南工业不知道要落后几个数量级。

而再辉煌的历史，都是由一代代了不起的人物造就的。要说到云锡历史上具有代表性的人物，云锡三杰，当仁不让。

这三个人的奋斗史，便是云锡的奋斗史，他们的经历，涵盖了云锡的起源、发展、历史背景。他们一手打造了云锡和滇越铁路的交集，也创造了云南工业文明的开始。

他们是云锡的先人，也是云锡的基础，没有他们，就不会有后来更加蒸蒸日上的云锡。因为他们的存在，百年云锡矿业，才会风采依旧。

碳王之外，不输碳王——云锡三杰

在三位碳王之外，个旧还出过三个了不得的人物，属于锡都发展史上里程碑一样的人物，人称云锡三杰。

他们之所以没有被尊为碳王，纯粹只是因为距离现在的时间还不够远。但在锡都人的眼中，他们的所为，和云锡一样，对个旧充满了实际的意义。

这三位大神级的人物分别是陈鹤亭、缪云台和吕冕南。

先说陈鹤亭

清末的进士，当过大清朝的官，而且还是那个年代难得的清官。要不是还不够特别注重名气，说不定现在还会有人来拍个陈青天的主题连续剧。

当然光是清官是不足以成为云锡三杰的，一个庸人哪能缔造锡都的历史呢？陈先生属于全才，不但人品好，而且打土匪、搞安保、办教育、修交通都是一把好手。当年在蒙自当道尹，老百姓们都给好评，个个点赞。

后来大清朝倒了，他也坚决跟随历史进步，走进了新时代。蔡锷和唐继尧发动护国战争打袁世凯，三军总后勤就是陈鹤亭。可别小看这个位置，所谓兵马未动粮草先行，如果士兵们在前面打仗，底下后勤出了问题，引发个哗变什么的，可不是自己一个人掉脑袋的事情。

不过陈先生何许人也，军需和物资供应从没掉过链子，在军中同样是好评如潮。只是可惜当年不流行管理学出书立传，否则陈鹤亭弄一本，绝对要上畅销书榜的。

接下来也是因为他在管理学上的造诣，才被委任为个碧铁路公司的总经理。那时候正是民国初年，个旧锡矿的老板们正干得热火朝天，可惜货要运出去，物资要拉进来，光靠马驮想干成国际企业得等到猴年马月去。所以联名上书要求修铁路。上面的人倒是也没那么古板，批准官商合办，但谁来当这个老大成了问题。大家都是出来混有家底的，谁能服了谁呢？想来想去纠结了好多年，枕木都没摆好一根，最后只好让陈先生空降来个旧当高管。

这个高管可不好当，关系协调不好，连人都使不动。陈鹤亭做事相当有逻辑性，先从人际关系搞起，协调好了，可是没钱，他就发行股票。以他的名头，大家还是很买账的，于是资金很快就到位了。人家谁也搞不定的事情，他只用了一年就开始动工。什么叫资源整合？什么叫资本拼缝？都是陈鹤亭一百年前玩的东西了。

官方退出以后，陈鹤亭彻底成了民营企业家，个碧石铁路成了全国民营铁路的头一份。

这时候陈先生再次施展手段，开办了个碧铁路银行。用实业办金融，用金融养实业，那年头换了别个怕是不可能想得到，就算想到了，也做不到，号召力这种东西，不是你有技术有想法就可以的。

按说现在可以大干一番了，但陈鹤亭可不是好高骛远的人，他决定把铁路修成6公寸的轨距，能用就行，同时他又把眼光放得很长远，大部分的路基桥梁和隧道被修成米轨的尺寸，方便以后有需要可以跟国际接轨。后来也证明他的眼光一点没错，有些部分真就变成米轨了。

在施工上陈鹤亭用最少的钱做到了最大的效果。让经验丰富的外籍专家做工程师，下面的技术人员全是读铁道专业的实习学生，实习学生的工资，你懂的。等他们成长为人才，再按劳分配，收归己用。

这些事情看起来非常复杂，实际上都是同时进行的，一边筹股，一边修路，修一截通一截，以路养路，这种玩法到现在都还是这样。也是因为这种灵活的“曲线救国”式修路，大名鼎鼎的个碧临屏铁路才能变成现实。所以说再难的项目也有落地的办法，就看你手段耍得怎么样。有很多事情，光有九十九分的汗水都是白搭，到头来还是找一个能有一分灵感的人才行。陈先生之所以能位列云锡三杰，也离不开他总是有着那一分灵感。

凭着这份灵感，他还让锡务公司也活了过来。那是在个旧的铁路通车之后，他开始接手锡务这边的烂摊子。他来之前，这公司可是经营得一塌糊涂，市场不景气，云锡的公司卖不出去，几乎处于停产状态，欠了一屁股的债，眼看都要死硬了。

怎么做到的？还是老玩法呗，稳定债务，开源节流。先找到债主们说，我们肯定承认欠你们的钱，但是你们得让我分期还，不然鱼死网破谁也没好处。而且现在这个情况，我们也还不了你们的钱，得让工厂动起来，赚到钱你们才能拿到本利。你看我们是很有信心的，不仅承认欠款，还承诺你还利息。不过这一切的前提，都是你们得再借我七十万。就凭这七十万喘了口气，过了两年之后，陈先生手下的企业不仅还清了所有的欠款，还盈利500万。牛，实在是太牛。

能把一件棘手的大事做得这么面面俱到，无论短期还是长远都无懈可击，当代的大部分企业管理者，都应该对云锡三杰的陈先生顶礼膜拜，好好学习一番这高端的生财之道、人生哲学。

小贴士 *TIPS*

说个题外话，实在有兴趣探究陈先生为何如此厉害的朋友，还可以导航到石屏郑营村去，吃大闸蟹之余，去陈鹤亭故居研究一下，到底这么牛的一个人是怎么炼成的？

与铁路公司相关的遗迹，有机会的话，很值得去走访一下，因为放眼全世界，这段历史是个旧独一无二的烙印。

大钟楼，是一个完全法式建筑风格的巨大钟楼，至今仍然屹立于云锡采选分公司的厂房内，提醒着人们时光流逝，珍惜现在。

接下来说缪云台

缪先生题过一幅很霸气、很帮个旧人争脸的字——“锡都藏龙卧虎地，贤士豪杰代代出。”而且这幅字是当着康克清、梁漱溟、刘开渠等传说中的大人物的面题的，当然，缪先生自己也是属于这么一个群体。

缪先生是读书的一把好手，1913年被云南省政府送去美国读矿冶，1919年回国，1920年到锡务公司当总经理。看，又是锡务公司，那个一屁股烂债濒临破产的锡务公司。所以说，要成为叱咤风云的大人物，就必须先从收拾烂摊子开始。

缪先生统领锡务公司的时候，才二十七岁。对于一个大公司的老板来说，这是多么青涩的年纪，所以毫不意外地，他失败了。虽然他修马拉格索道，改良了采选运输的方式，还贷款发工资稳定人心，但是都没用，最终还是被解职，被老谋深算的陈先生抢了风头。云锡三杰之间的竞争，年纪轻轻的缪先生输了头阵。

不过好在这样的失败并不能掩盖他青年才俊的光芒，解职后五年，他重新达到了人生的小巅峰，成为省农矿厅的厅长。这时候陈先生已经激流勇退，锡务公司已经走上正规，不过毕竟人不是神仙，有些事情再厉害的人也不能一次性解决。

缪云台正好就看见了治标不治本的那一方面。虽然能赚大钱，但是个旧的冶炼水平实在不咋地，土法炼出来的大锡，杂质太多，含量达不到国际上99.75%的标准，外销成为麻烦事，人家不认。另外从外汇上来说，没跟国际接轨，玩法都不一样，怎么做生意。

于是他毛遂自荐，重返锡务公司当总经理。这回他可不再是当年吴下阿蒙，一来就重金请来已经退休的英国总工程师。重赏出奇迹，专家来了经过化验分析，发现以个旧大锡的质量跟国际接轨，那根本不叫事儿。在远道而来的英国老头帮助下，缪云台领导的锡务公司终于花几年时间完成了技术升级，得到了伦敦交易市场上的直接经销权。想要到老外的认可，真不是一件容易的事。缪云台终于在新的突破点上找到了自己的成功密码。

硬件达到标准了，接下来就是软件的升级。为了每天及时获取港币、英镑和滇币的兑换率，他费尽心思搞定无数关系，才在个旧建立了无线电台。然后又联合滇越铁路、海运公司和银行，以加速资金周转。终于，缪先生成为了跟陈先生一样的企业运营高手，资源整合也变成了他的拿手把戏。这回，锡务公司变成了他简历上最牛

的一笔，那个人生的滑铁卢带来的阴影再也不复存在。

到这一步，其实他已经获得了当初想要的成功，不过现在的缪先生自己也升级了，追求变得更高，所有很多金融上的便宜他不愿意让法国人来占——新富滇银行应运而生，他自己当行长，能者多劳么。

一上任，外汇管理就开始了，跟单押汇原来是法国东方汇理的垄断业务，并不那么好下手。奈何这时候的法国，在中国的影响力已经是最美不过夕阳红，在缪先生的手段下，只有乖乖交出来让富滇银行办。

自此，云南金融外汇终于逃出了外国银行的控制，还获得了自主运营和营销权。到了1936年，兼并了云南炼锡公司之后，缪云台带领的锡业王国一发不可收拾，壮大成举世闻名的云南锡业股份有限公司。

在他的手下，云锡建立起了自己的专家队伍，真正成了全国最强悍的冶金高手汇聚地。缪先生在陈先生打下的坚实基础之上，建造出一栋摩天大楼。

都说打江山容易守江山难，缪先生太明白这个道理，干脆就不守，继续往下打，越打越壮大，越打越成功。可以这么说，他判断时事潮流的眼光，绝对不会比陈先生差。所以他才会1949年去了香港，却依然心系锡都，在1979年毅然放弃了美国国籍，回到内地定居，继续为个旧锡业的发展贡献力量。

作为新中国成立前任期最长、贡献最大、一手缔造云南锡业的领导人，怎么可能不被称为云锡三杰之一?

小贴士 *TIPS*

缪先生还未获得成功的早年，在马拉格矿所建设的索道，经过多年风雨，现在还雄立在老阴山金湖东路靠着的山脚下。

云锡三杰的相关资料，都可以在免费的云南锡博物馆里面看到。抛开个旧人的自豪感和云锡的专业性不论，到这里来专门看看云锡三杰乘风破浪的手段，效果应该比去上一堂什么企业家培训课还要好。

最后一位是吕冕南

看起来吕先生的履历并没有陈先生和缪先生这么光芒四射，那为什么他还会是云锡三杰之一呢?

要知道，前面两位锻造了锡业王国躯壳之后，交到吕先生手中之时，已经是一个庞然大物，不再是当年任人打整、问题多多的锡业公司，如此多的专家力量、矿冶资源在手上，想做点什么调整并不是件简单的事。所以这段时间的发展，主要还是以技术深入和微创新为主。也许对于现在每每步子太大扯着身体的很多公司来说，吕先生绝对是他们应该学习的榜样。

这样一个人是怎么锻炼出来的呢？从他的经历来看，更像是一个学霸的养成史。

吕先生1920年从北大毕业，留校，然后法国留学，成为分析化学博士。如何？放现在也可以算作一个学霸的标准足迹。学成回国之后当实验室主任，到了云锡之后当厂矿管理处事务室主任兼化验室主任，一直到云锡公司副总。纯靠技术上位，不是一个肯潜心研究的学霸怎么可能做到?

前面讲的缪先生能够让云锡的产品获得伦敦交易市场的直接经销权，学霸出身的技术臂膀吕先生居功至伟。之所以能批量生产跟国际接轨的99.7%以上的精锡，就是因为他发明了冶炼新法。之后他还一直在进行技术改良，到1943年的时候，弄出来含量99.95%的一号精锡，着实吓了当时来考察的美国冶炼专家一跳——这山沟沟里居然还有这种高人？

可以这么说，缔造云锡基础的人，是陈鹤亭，让云锡跟国际接轨的人，是缪云台，而推着云锡走进世界先进水平的人，则是吕冕南。

也正是因为吕先生是这么一个稳扎稳打的人，也才能把云锡好好地带到新中国的怀抱之中。

1949年，新中国成立前时局动荡，国民党政府在云南虽然还勉强维持，但是已经朝不保夕，物价高到云锡人都吃不起饭，再加上动乱导致经济不景气，简直是雪上加霜。吕先生这个时候挺身而出，到重庆去直接找上面的人，拿125吨精锡换来5000两黄金，然后又在昆明换成银元拿回个旧，这才算解决了云锡人的吃饭问题。

这还不算完，到了十二月的时候，卢汉宣布起义，结果二十六军就往南逃，占领了个旧。吕先生出面斡旋，给了两万块，这群逃散的军队才没有进云锡抢劫。

吕冕南凭借自己稳定局面的高超能力，硬是让云锡在最动荡的时刻得以保存元气，好好地完整地过渡到了新中国，接着他又积极组织恢复生产。

若是没有吕先生，云锡也许在解放前的最后时刻，就会遭受毁灭性的打击。无论面对怎么样的局面，始终不会意气用事，方方面面从云锡的大局出发，做出艰难而明智的抉择。说起守成，还有比吕先生更尽职尽责的人吗？

锡都的荣耀不止属于起死回生的陈先生和锐意进取的缪先生，同样也属于掌舵大船、稳步航行的吕先生。所以云锡三杰之一，他当之无愧。

小贴士 *TIPS*

云锡三杰的作为，奠定了云锡日后做大做强的基础。没有云锡三杰，不会有现在的云锡，没有云锡，就不会有现在的个旧。

锡都带动了整个近代云南的工业文明进程，而云锡，就是这个车头上最有力的发动机。所以，不光是个旧，没有锡都，云南的现代发展，将会滞后不知多少年。

豪气十足，个旧三子

老个旧当年有个旧三子之说，代表的是个旧人对于牛人的推崇。实际上，个旧人历来都喜欢跟牛人做朋友，就算不能有幸认识，也一定会口口相传。这究竟是一种要强，还是个旧人喜欢追求成功的价值观？其实没有必要非得说清楚，反正个旧能变成现在这番幸福小天地，都是拜一代代人的这种性格所赐。下面我们一起看看老个旧口中的个旧三子，共同体验一番锡都人追求的人生境界是什么。

李恒的银子

当年在红河，只有一个老板能跟他相提并论。人人都说，临安马成，石屏李恒。

身为那个年代红河的两个首富之一，发家的方式当然不用说了，必须是大锡。至于发家的过程，颇有些电影上海滩的味道。

李恒从石屏到个旧来，并不是一开始就有机会的。没发迹的他，无非就是个胆大心细的混混，每天混迹在赌场里面找机会，钱也没有，老婆也没有。想必这种一人吃饱全家不饿的生活模式，很适用于白手起家，要知道当年赵老祖公创业的时候，不也是把老婆孩子送回老家去自己一个人打拼才成事的。

他就这么在三教九流中混迹，虽没有钱，却消息灵通。一个偶然的机会，从别人口中知道了天良硐有高品质的好瑭。等了这么多年，他怎么可能错过，马上拉起队伍上山，办起了矿场。凭着胆大心细人脉广的特质，还真就让他玩得风生水起，没几年他的矿场就到了一千多砂丁的规模。

创业得有魄力，得有胆子。李恒有经验、有性格、有人脉、有眼光，既然赚到了第一桶金，那么后面财富积累的游戏更是得心应手。从个旧到昆明，再从昆明到香港，一步一个台阶，很快私人矿老板里能跟他比肩的人已经屈指可数。钱对于这个出身草莽，当年混迹于赌场的石屏伙子来说，真正变成了数字而已。

赚钱赚到这个程度，再纠结于物质生活已经没什么追求，于是他开始想着要为社会贡献点什么。首选当然是建设家乡，所以多次捐了巨款办学、修街道、做福利。

适逢抗战开始，他的精力也就集中在了抗日救国的募捐上。在个旧抗日救国会成立的时候，李恒一点也不含糊，捐资一百万买了架战斗机。

这事就算放现在也是不折不扣的大新闻，登出来之后轰动一时，算是做了商人贡献社会的表率。在李恒的银子感召下，很多厂商都参与到捐助抗日救国的行动中来，有钱的出钱，没钱的赚钱来出钱，让很多的战区难民得以幸存。

所以，李恒的银子，从某种程度上讲，也是个旧抗日救国的引子吧。

李聘的房子

自己家的房子，当年被称为云南第一高楼，这是多么有成就感的一件事情？

在民国五年（1916年）的时候，个旧的另一个超级大老板，也就是大名鼎鼎的宝丰隆掌门人李聘，盖了自己商号的炉坊，也就是宝丰隆主楼。

一万多平米的房子，光用来住会不会奢侈了一点？再说作为一个名商巨贾，高调当然是有原因的。让别人看到你的实力，才会放心跟你做生意嘛。

而且大户人家，交际娱乐什么的肯定少不了。一来二去想了个通透，既然要大，那就大到底，干脆连生产活动都在这个房子里搞了，上班管理什么的多方便。其次

外形还得独特，法国人不是来这里搜刮了好多年么，还盖了这么多法式建筑，我就自己也来搞个法式建筑，让他们知道个旧人也是高端大气上档次的。

这就是个旧独特的炉坊建筑，在别处根本看不到，甚至听都没听过。

这么多功能，这么大占地，得花多少钱？对于宝丰隆的老板来说，钱肯定不是问题，麻烦才是问题。要不然怎么一盖就盖了十多年？

首先光这设计师和师傅就不好找，法式的东西，在个旧找设计师叫作天方夜谭。设计图纸个旧肯定没有，要别处弄，建筑材料要好的，于是从云南各地到法国搜罗了个遍，工匠本地的都忙着造锡矿碾子赚钱呢，玩不好这个，那就从通海、石屏找。最后设计师和师傅这最关键的一环终于从越南挖了过来，这才有了极其让人惊叹的——李聘的房子。

杨兴斋的儿子

杨兴斋是谁？好吧你已经猜对了，个旧知名的矿老板，或者说叫著名的民族资本家。那他儿子干吗的？看到这里你八成不知道了，子承父业的逻辑在这不管用。

他儿子叫杨伯镛，1955年的全国体育优秀标兵，1959年的国家体委运动健将，1999年荣获“新中国篮球50杰”，1982年亚运会女篮冠军队主教练，1984年奥运会女篮季军队主教练。

个旧人为什么对于杨伯镛如此津津乐道呢？其实很简单，没有的当然就很珍惜。个旧乃至云南，都不是一个生产国际级体育人才的地方。好容易出了这么个人，靠着自己的天赋和努力，一步步走到了国际赛场上，指点江山，那家乡人哪有不挂在嘴边的。

杨伯镛带队来过个旧，算是从精神上狠狠地回报了家乡父老一次，那架势，可一点也不比现在的体育巨星走穴差。比赛那天，可是万人空巷各种围观。时至今日，还有不少人家记得亲眼见到郑海霞的兴奋感呢。

杨伯镛勤勤恳恳为一个事业奋斗了终生，很多个旧人也是这个样子的。

伟人的牵绊

除了之前提及的诸位个旧的骄子，还有不少伟人名人，都跟个旧有着不解之缘，甚至大到人人都知道的开国元勋。不信？那我来说给你听。

心系矿工的人民总理

除了朱德元帅，与个旧心连着心的，还有人民的总理周恩来。

早年的时候，矽肺病，也就是肺癌，作为一个恶魔，萦绕在锡都的上空，淫威百年不散。矿工们一患上此职业病，死路一条，极其凄惨。而且这病在矿工中还属于高发病，绝对是天降的魔鬼。

新华社《国内动态清样》在1975年1月29日的刊物中反映了这个问题。2月5日，周总理刚做完癌症手术，就让身边的人请来了专家，询问个旧锡矿工人癌病多发的问题。

“云锡矿工肺癌的情况，你知不知道？”总理的声音微弱而清晰。

“知道。”专家赶紧回答。

“快去解决这个问题，马上就去。”

周总理在自己生命最后的几个月里，还一直惦记着云锡矿工们的健康问题，他向专家组嘱托：“一定要解决好锡矿工人的肺癌防治。”

专家组立马赶赴个旧，走访各个矿山，体验矿工的吸入灰尘和烟尘的情况，搜集第一手数据，研究会诊，成立肿瘤科。在个旧开办了肿瘤放疗学习班。

各种仪器和培训陆续到位，全国一流的肿瘤专家，来了一拨又一拨，云锡矿工肺癌防治被列入国家重大科技攻关计划。云锡也先后投入数以千万计的费用，采取机械通风等措施，改善井下作业环境。

这一切，都源于总理一开始的严肃对待，真心关怀。在他生命的最后一段时间里，最牵绊的事情之一，便是个旧矿工们的身体。

这份嘱托在近四十年的时间里，带着爱心被一代代专家人才传承下来。多少专家教授，把一生都献给了云锡，为个旧矿工的肺癌防治，贡献了数十年的光阴。

小贴士 *TIPS*

通过不懈的努力，如今，矿工肺癌“总体发病水平没有明显降低，但发病年龄在往后推迟，以前平均发病年龄约为 50 岁，现在大概是 65 岁以上”。

在 2001 年全国癌症综合康复工作经验交流会上，个旧锡矿工人肺癌防治工作得到大会肯定。

大会公布的资料表明：个旧矿工肺癌发病率已基本得到控制，矿工肺癌的早期诊断治疗收到较好效果，肺癌患者经手术治疗后的 5 年生存率达 53.6%。

怀源芳圃的碑石上，至今依然记录着周总理的嘱托，时刻感动着个旧人的心灵深处。

练兵练出个大元帅

那时候，将来的大元帅朱德，还只是松坡将军手下的一个学生队长。那还是他参加援川战斗表现得“智勇双全，战功卓著”才得到的机会。

在干了十一个月的学生队长后，他又等到了机会。因为清政府倒闭之后，很多辫子兵和土匪联姻，还颇有战斗力。政府多次清缴，效果都不好，土匪甚至还越来越嚣张，烧杀抢掠，挑拨民族关系导致械斗，焚抢洋行，甚至有丧心病狂者公开在集市上强奸民女……

人们不禁要问，就一群乌合之众真有那么大的破坏力，连战斗力在中国排得上号的滇军都拿他们没有办法？其实事情没那么简单，土匪的战斗力再强其实也有限，但是他们背后的主子，就不是那么容易对付的了。主子是谁？当然就是贪得无厌的法国殖民者。

那时候滇越铁路已经修到了昆明，法国人的如意算盘打得那叫一个好，一边通商一边支持土匪，要钱给钱要枪给枪，装备上去了，云南政府想要缴匪，就不是一般地费力了。法国人就可以趁虚而入，借口剿匪，还有保护铁路，大兵压境，到时候云南政府顾此失彼，根本没法应付。当时的局面，就是那么尴尬。

在这样的环境下，蔡锷派朱德来了滇东南。目的只有一个，期望他能搞定那些拿着法式装备的少数民族悍匪，让法国人没有借口可以进来捞好处。

朱德就这样来到了边境上，跟土匪们一打就是两年。这两年可不好熬，滇东南的山，又高又陡，还无边无际，酷热之下，到处是瘴气，放在现在，给多少钱都没人愿意去钻。

说起当年在个旧这边的事情，朱德曾经这么回忆："我们练兵过了几个月，在临安（即建水）、蒙自、个旧一带云南边境上，打那些造反的野蛮强悍的蛮子。那一带瘴气很大，土匪多，从这中间练了些本事……天天打，又是乌烟瘴气，天天到处是枪声。在打枪上蛮子凶得很。营盘垒得高高的，步哨不敢放在门外头，出去就会被杀掉。一面说服一面打，经过了两年，那边是热带，很不好进。生病的多得很，原来这里的一营人，只剩下了两个连。我们去了却没有怎么死人。把土匪也搞平了，真的做了些事情。那地方是那样宽广，包括几个府，十几个县，两个营却把它拿下来了。这时我由营长当了团副、团长，带着这两个营，打了两年多的游击战。"

从这些回忆来看，朱德在滇东南的这两年，是用游击战术才获得成功的。纵然是灵活多变，战术得当，在蛮耗剿匪的时候，依然是艰苦卓绝。

蛮耗的匪徒，算是不折不扣的地头蛇，熟悉地形，也擅长打游击，躲在丛林之中，瞅准机会就出来作恶，看你大队人马来了，马上跑得无影无踪，比苍蝇还难缠。

朱德针对他们的行踪，组织搜山队和护船队，两翼齐飞，水陆合剿。十多仗下来，好几股土匪全军覆灭。

这下剩余的土匪慌了，变得更加胆小，见到朱德的部队就跑，倒是有闻风丧胆的架势，可人一走，他们又出来了。不过一切都难不倒未来的大元帅，他命令部队在红河沿岸的要塞筑起碉堡，派人驻扎，互相呼应，土匪来了，也是对着刺猬无从下口。这下，嚣张了多少年的土匪们，算是彻底没了办法。

政府方面看朱德真搞定了这事，赶忙高兴地通知法国人，我们能保护自己人和铁路，你们不用来了。法国人一看势头不对，也没办法继续施压，只能作罢。

朱德带着赫赫战功，回到了昆明，从少校营长一路升到了上校团长。

47年后，他身为党和国家、人民军队重要领导人，再次来到红河。看着当年剿匪战斗的地方，已经是欣欣向荣，安居乐业。高兴得连写了两首打油诗。

小贴士 *TIPS*

根据专家的研究结果，朱德元帅的战术体系，就是在个旧附近地区剿匪的时候，慢慢演练成熟，形成体系的。说不定他对这片热土这么有感情，一直牵挂，也有这方面的原因呢。

金湖南岸的朱碑广场，有朱德元帅 1962 年亲临锡都视察的题词纪念——“以锡为主，综合利用，重质重量，经济核算”。

贰

TWO

轰鸣的情调

个旧是个工业城市，而一旦跟工业沾边，似乎跟旅游、度假、享受生活之类的事情看起来就不那么搭边。

锡都没有大开大合的山水，没有很多令人震撼的绝景，没有在纪录片里被人翻来覆去讲述的人文，没有成规模让人买醉艳遇的酒吧街，也没有大队大队的旅游团来这里合影留念，听导游说锡都是一个美丽的地方云云……

但很多事情，其美好和值得体验的东西都是隐藏在表象背后的，找到了的人们拿着自己相机里的成果得意洋洋，找不到的人们就错过了一些原本不难得到的美好。

微幸福泛滥的地方

这种美好是什么?

是一种情调，如果真要给这种情调赋予一个名字，我们把它叫作微幸福，它并不是一种随时随地夺人眼球的高调炫耀，而是一种泛滥于日常生活点滴的难忘细节，总之，个旧就是一个微幸福泛滥的地方。

那么锡都昼夜轰鸣的机器声背后，都隐藏了怎样的微幸福呢?

不如问问那些在博物馆流连忘返的人。

在锡工艺品店淘宝淘得不亦乐乎的人。

在矿冶遗迹上寻找历史、从早到晚寻找历史美感的人。

跟无处不在的云锡子弟谈笑风生、跟着家族聚会蹭饭的人。

在法国楼里闻着寸轨的味道细细玩味的人。

在红墙斑驳蔓藤花香的老房子堆里转来转去乐不思蜀的人。

在小火车站就着肉串喝酒笑着微醺的人。

在大清真寺面前被震撼后难忘留影的人……

开明绅士的眼界——个碧临屏铁路公司

个碧临屏铁路公司的牌坊后面，就是法国楼餐厅，看起来毫无违和感，当年的建筑大概都是这样的。

这是一个仿古的门坊，真正的那个门坊现在安放在云南铁路博物馆，而且上面个碧临屏铁路公司中的公字，已经没有了踪影。在中国想要完整保存一个东西没有那么简单，你懂的。

不过这里还是值得你去留个影，顺道发个呆，感受一下当年浪漫的民族创业气息。反正看起来这个门坊跟原装的也没什么区别，不一定非得青苔丛生的才是好东西吧？

而且也得收拾得干净一些，才配得上当年这群热血商人搞铁路的初衷呢。人家修铁路，不就是为了文明的到来，文明的最简单表现是什么？就是整洁咯。

当年的红河，其实大部分普通人还是相当闭塞，对于铁路，他们会感觉到恐惧，对于现代工业文明的产物，他们会感到排斥。从某种意义上来说，这是一种病，一种多年的闭关锁国造成的恐惧症。

治疗这种病最有效的方法，莫过于开放眼界。恐惧来源于物质，见得多了，还有什么好怕的？而修铁路，对于红河人眼界的拓宽，是具有决定性意义的。

洋货和随之而来的西方文化，源源不断地展现在红河人的面前，他们从恐惧到习惯，再到接受和喜欢，最后融合，造就了个旧独有的锡文化氛围。在这种氛围下，锡都才算是紧赶慢赶地追上了近现代工业革命的步伐，进而推动了整个云南的工业化进程。

这就是个碧临屏铁路所带来的意义和影响，大到让人咂舌，人们对此段历史的记忆就尤为深刻。

所以门坊刚建成的时候，就接到了市民的投诉，你们怎么搞的，连名字都写错？个碧石铁路，但凡个旧人都知道的名称，怎么忽然就变成个碧临屏铁路了？

其实这是多虑了，为了恢复这个牌坊，人家可是专门汇总了个旧、蒙自、建水、石屏以及云锡集团公司现存的不完整史料。连样子的雕刻细节都不会弄错，何况

名字呢。

一开始这条铁路只是叫作个碧铁路公司，办公大楼也从蒙自搬到了个旧，也就是现在的法国楼。但是建水和石屏的股东对于这样的现状不满意，占了个旧锡商总人数80%以上的他们，愿意做出长期的投资，条件是铁路必须修到建水和石屏。于是这公司名称也就变成了个碧临屏。

至于个碧石的说法，则又是后来的变迁所致，但作为中国唯一一条保存下来的民营股份制寸轨铁路，还是得用当年股东协商下的那个名字，才显得正宗。

这么说起来，也只有个碧临屏的名称，才能显示开明绅士的眼界。这代表着四通八达的包容，代表着资源整合的智慧。个旧，从来都不是一个故步自封的地方。

至于现在统称的个碧石铁路，虽然已经是约定俗成的称呼，却显得有点小家子气了。

小贴士 *TIPS*

门坊位于金湖西路靠南的尽头，小火车站后门一百米，法国楼餐厅的所在地。门坊做得其实很精细，拍出照来满有历史感，旁边附有简单的介绍。

隐于闹市的浪漫情节——法国楼餐厅

法国楼算是个旧最有情调的餐厅了，就算在昆明，也很难找到这种保护遗迹后改建的法式小楼。

其实当年这里并不是法国人的聚集地，而是个碧临屏铁路公司的旧址，乡绅老板们成立这个公司，是为了能更好地把大锡运出去，把钱赚回来，为了洋气一些，原模原样照着法国人的房子盖当然是最好的选择。

第一次到个旧的人，这里是肯定不能错过的一站。时不时就会看到人站在餐厅的门坊外发呆，看着那几个跟当年一样的字，思考着取个什么景才能博得镜头里的模特一笑。要是有兴趣跟他们沟通交流一下，定会有一段开心的经历。

有个朋友曾经在法国楼邂逅了自己后来的老婆。问他过程是怎样的，他说有一段时间总是梦到自己在一栋法式小楼的咖啡桌后面，对面坐着一个模糊的女人，身

小贴士 *TIPS*

法国楼餐厅位于个旧市金湖西路 357 号，餐厅不在餐点的时候可以喝咖啡，人不是太多，属于闹中取静的典型，想发多久的呆都可以。特别下小雨的时候，身处法式小楼的氛围中，看着透明顶棚上的雨水顺着植物的叶子滴落，瞬间像是回到了那个如梦似幻的年代。楼内挂有老照片，很多装修细节也跟那个年代类似，可以充分体验民国初年老板们在充满异域风情的环境中办公聚会的感受。这里并没有过于奢华的感觉，但是充满了源自一百年前法国的情调和浪漫。

着旗袍，满是民国时代女人的风姿摇曳。他坚信这一定是个什么暗示，于是四处寻找与这个情景里的调调相似的建筑。结果找来找去，就是法国楼最后感觉。

从那个时候开始，他就相信法国楼有一种独特的魔力。一种能够还原百年前个旧独特风光韵味的魔力。

后来她老婆说，其实是他那段时间看了遍《情人》……可不管怎么样，要是没有那么一个充满法式韵味的平台，那他就算再多看多少遍电影，再梦到多少遍邂逅，也没办法遇到那个梦中人吧。

小贴士 *TIPS*

个碧石铁路陈列馆也位于法国楼餐厅。

这个陈列馆，可以说记录了个旧的民族实业家们对抗帝国主义经济掠夺的历史进程。房子是1929年建的，两层，一楼的大部分装修均是原装，把滇东南传统的法式风格完整保留了下来。

十几年里，这里曾经做过教室、仓库、商铺、摄影楼等，直到餐厅建起来之后，才有了陈列室，向市民免费开放。

陈列馆分为滇越铁路展厅、个碧石铁路展厅、机车展厅和实物展厅等多个展厅，汇集了丰富的文字和图片资料以及有价值的历史文物。

因为用餐特色和一场独特的历史文化内涵，所以外来旅行团队和国内外旅行者只要到个旧，几乎必去法国楼。《孤独的旅行者》杂志上也介绍过法国楼，让其更加扬名海外。

慢生活的变迁——个旧小火车站

当年的火车站，是繁忙的商务港，每天从这里走掉的大锡，换回无数的外汇，变成许多的高楼大厦和美好生活，当然也有你争我夺，不过咱们不传递负能量。

总之，火车站的原形，就是跟繁华、繁忙、紧张之类的词语联系在一起的。

而建设它的人绝对不会想到，现在的个旧火车站，会变成这样一个轻松愉快，跟当年的感觉毫不沾边的地方。

现在的个旧小火车站，适合所有大城市里有焦虑症的人，或者亚健康到极点觉得自己不知道什么时候就会过劳死的人，在求医无门、前途茫茫的情况下，投奔这里。在小火车站泡上个把月，所有的都市心理病就治疗得差不多了。

走进这个环境之中，马上整个人都慢了下来，就像电影被遥控器降低了一半速度，除了人们说话的语调还是正常的，别的一切似乎都进入了这个走一步摇三摇的节奏。

这个地方真的很小，快步走完所有街道怕是十分钟都不要，但是居然有人能够在里面逛上一整个下午，好像每一家店都要进去逛一下的样子，这种玩物丧志的做法实在是令众多天天向上的有志青年难以忍受，往往知道了之后都要严正抗议：“我在上班你居然跑去火车站逛一下午，太过分了，下次去记得叫上我。”

火车站最热闹的时候从十二点左右开始，后门的烧烤摊市场是个旧人民最喜闻乐见的美食场所。当中午朋友约你吃饭的时候，也许有一半几率就是去吃后门市场的小肉串。

吃饱了出来逛逛，买杯喝的，然后开始挑衣服。里面的店家总是占着很小的铺面，做着很小的生意，有点我行我素的感觉，老板或者老板娘总是有限地坐在某个角落，沉迷在各种自娱自乐的项目中，浑然忘我，除非有生意了，才会出来笑脸迎人，生意好起来的时候，忽然又变成了极其干练，雷厉风行，非常认真在做生意的人物。

也许来到这里多逛逛，真的可以学到把工作和生活分割开来的诀窍吧？这就是消除焦虑的重点，不要把太多工作的压力带到生活中来。

对于个旧人自身来说，这里已经不再是火车站，只是一个有吃有玩有街逛的娱乐场所，除了游客，也许再没有人会去在乎钟塔和老旧的个旧站候车厅一类的所在了。这种活在当下的小幸福，个旧人自己感受最深吧？于是，传播这样的生活心态，也就成了很多个旧人乐此不疲的事情。

有没有那么神？你来了不就知道了。

小贴士 *TIPS*

火车站 20 世纪 90 年代被改造为商场，里面各种小商户云集，吃的穿的喝的玩的，什么都有卖，从中午到晚上，只要你乐意，就总有玩的让你待得住。

远去的记忆——鸡街小火车

别小看这些小火车，虽然跟现在比拉得不多，跑得也慢，可结实耐用，都是不折不扣的原装进口货。一共跑过的5批共34辆小火车，分别是从美国、法国和德国引进的。其中用得最少的，是从德国引进的33、34号老爷机车，因为不适合急弯陡坡，曾被长期封存，后来用于鸡街车站调度车。

20世纪八九十年代的时候，在鸡街火车站，还可以看到很多的车皮，停放在寸轨上，有的闲置，有的变成了小卖部。还有调皮的小孩子，总在蹿上跳下，他们并不知道自己嬉戏玩闹的地方，有多么大的历史价值。

现在这些场面已经不得而见，有先见之明的发烧友，往往通过各种渠道，收藏了当初摆在铁轨上无人问津的一些东西。抛开可能产生的一些问题来讲，也算是抢救了历史。

现在再去鸡街火车站，遗迹的感觉更加浓烈。一个容纳了寸轨铁路的历史，并继续成为米轨铁路枢纽的地方，如今自己也变成了历史。

小贴士 *TIPS*

鸡街火车站对于火车铁路发烧友来说，是圣地一般的地方。

想去感受下寸轨遗迹的朋友，可以从个旧客运站坐车到鸡街，票价 10 元。下车打个港田车，5 元钱到火车站，好好找找历史的痕迹吧。

云南锡博物馆
TIN MUSEUM OF YUNNAN

碛王的艺术

如果某个地方有世界排名第一的事物，你不去看看实在太亏了，一辈子能遇到多少个世界第一呢？而且在个旧看这些，既不拥挤，成本又低。

世界第一个锡博物馆——云南锡博物馆

在世界锡业排名第一的企业里看世界上第一个锡博物馆，很多人开心、好奇，加上点小得意，想着随便逛一会儿就能搜集一次游览世界第一的经历。谁知道一逛就是几个小时，因为藏品实在不少，有文物、标本、模型、雕塑、照片等藏品近6000件。既然来了就别想急着走，序厅、综合厅、历史厅、资源厅、科技厅、品牌厅、文化厅、展望厅、演播厅一路下来，错过哪部分都可惜呢。可以说，这是一个极其专业化的博物馆，参观完了的人对于锡的了解说起来如数家珍。

这么一路逛下来，感觉就像看电影，一部历史跨度极大的电影。剧情从西汉一直讲到现在的个旧锡业。两千多年的演变脉络，其中无数传奇故事让人啧啧称奇，有朋友说，如果去之前做做功课，看起来会更爽。

这种在矿山、历史人文、扛着工具的砂丁和轰鸣的小货车中穿越的浪漫，充满了意外的幸福感。

小贴士 *TIPS*

云南锡博物馆地址在金湖东路云锡办公大楼院内，坐车到云锡办公大楼下就可以。博物馆是免费的，大院里也是个环境很不错的地方，适宜发呆，总之是到个旧旅行不可错过的一站，非常值得一去。

硔王的艺术——个旧锡工艺品

从当前的市场份额上看，你基本上是不太可能对个旧的锡工艺品有什么了解的。

来自产锡大户马来西亚的“皇家锡兰娥”“皇家泰芝宝”“皇家大马锡”等品牌占据了中国锡工艺品85%的市场份额，剩余的部分则被泰国、韩国、新加坡的品牌所瓜分，个旧的锡工艺品基本难见踪影。

个旧是什么地方？从战国、西汉就开始玩锡的地方，请问这样一个地方，在锡工艺品的造诣上与东南亚和韩国相比，会处于下风吗？

会！如果你从规模化、产业化的角度来看，确实会。

但是规模化、产业化的东西，真就是你需要的东西吗？就像那些量产的电子表，就算市场份额再高，也绝不可能跟瑞士的定制手表相提并论吧？

实在不是我们曲高和寡，主要是民间手工艺大师这种人物，就算放在开矿千年的个旧，也不是随随便便就能找到的。曾几何时，个旧人才济济的那条“锡行街”，

不到五十米长的街区集中了四十多家锡工艺品作坊，各派高手多如牛毛，出来的作品要么给达官显贵把玩，要么被平民百姓当传家宝贝留着。到了现在，很多极品要么留存于博物馆，要么流传到海外被土豪收藏，再也没有机会拿出来让人见见世面。

要说个旧的锡工艺品为什么这么威武霸气？是有原因的，个旧出来的锡，纯度高达5个9，就算在伦敦金属交易市场都属于免检产品，公认的无毒、无害、无味，拿来做很多东西都是好材料。放以前个旧厂的姑娘出嫁，要是没有一套像样点的锡制生活用品，比如茶壶、酒具、花瓶、盆什么的，那真是脸上无光抬不起头来，家里非得藏着这么一条，才算有了幸福的资本。

就因为做的东西多了，手艺也就越来越好，东南亚和日本、法国的人当时也特别喜欢个旧出来的东西，只有你做不出来的，没有他们不买的。看看这几个地方，都是蛮有艺术欣赏传统的所在，所以个旧锡匠的审美水平也是不需要质疑的。

这种水准在民国初年达到了巅峰，个旧当地人李伟卿设计制作的锡工艺品“关云长勒马望荆州”，勇夺巴拿马亚太博览会的特等奖。后来他儿子接了他的班，做了7件珍品被国家永久珍藏为一级藏品。

到了现代，个旧锡工艺品的专业水平也没有丝毫下降，1999年的金属壁画传世之作《红河情》被昆明世博园永久珍藏，中国斑锡也被指定为世博会唯一产品，2002年更是变成了钓鱼台国宾馆外事礼品。像这种作品在个旧的锡工艺品铸造史上，非常之多，要是有机会收藏，当作传家之宝可是太适合了。

那是啊，硔王庇佑的地方，怎么可能出不了好的锡工艺品？不用再去跟大批量生产的东西相比了，对于锡工艺品来说，“个旧”两个字，就是牌子，“硔王”两个字，就是保证。

小贴士 *TIPS*

个旧目前生产锡工艺品的主要厂家——红河名特旅游土产个旧市锡工艺美术厂，红河个旧市云锡工艺美术厂，两厂均位于个旧市区。

购买锡工艺品的地方主要有两个——中医院旁边有一家，七层楼电信大楼车站附近有一家。都是淘宝的好地方。

点石成金——锡工艺品辨识攻略

什么样的锡工艺品才是好的锡工艺品呢？为了不让你在锡工艺品的选购上花冤枉钱，我们现在来说说其中的秘诀。

简单地总结，其实辨识一个好的锡工艺品，讲究的是望、闻、问、切四门功课。

第一是望，看它的颜色。纯锡，色如银，亮如镜。如果你买的是含量97%的锡器，抛光后虽亮不白，属于暗亮，这个不美。非得抛光以后，看起来是银亮色，貌似银器的，才是上乘锡器。而个旧的锡器技术含量更高，叫做斑锡，必须在99.9%的纯度下，才能玩出花样来。毕竟色如银的外形被玩得太多了，会让人感觉到缺乏变化。用了斑锡的工艺，就能显现出黑、白、灰的明暗肌理效果。有了色彩，再来做造型，那肯定比单纯的像银器更有意思了，如果没有这个工艺，人家干吗非得用锡器，用银器看起来不是一样的么。

第二是闻，即听声音，纯锡的延展性那不是一般的好，扭曲起来还会发出声音，所以叫作响锡。但是挑选工艺品的时候总不能去把它扭成一坨，所以只能用听的了。用指甲由手心向外轻轻扫过锡器，有清亮金属声和短暂回音的，一律不要。真正的上品，声音不脆亮，也没有回音。有书里曾经专门说到个旧的锡，认为只有个旧的锡才是响锡。

第三就是拷问料子质量，也就是锡器的纯度。纯度越高，用的时间才越长，才能当作传家宝。拿来装东西不但没有污染，保鲜作用还杠杠的，想放多久放多久。要是纯度低了，装吃的会变质，也不耐用。新马泰的进口货，一般都是97%的纯度，然后就自称纯锡了，这要放在个旧根本混不走，那3%里含的铅等杂质，会导致这里的人根本不买账。锡都真正牛的地方在于，全世界范围内含量99.9%的锡器，只有这里是原产。要找纯锡，必到个旧。至于含量97%以下的，不管多么冲动，还是不要去买了，那点钱不如省下来去吃两碗米线。

第四切就是感受工艺。有些东西看起来浑然一体，颇具浮雕效果，但是中看不中用，用起来那密封性会让人抓狂。那是因为本身用料就不好，选取的是含量97%及以下的料。真正的好东西，讲究的是手工的特点，一般都是由几个部分共同组成的，这样才能表现出师傅雕刻和镂空的功力，不然就会巧妇难为无米之炊。纯度高了，密封性也才会好，比如一个茶叶罐，用个外盖就足够了。因为不硬，所以用力盖的时候还会反弹回来，也是个判断好坏的办法。

总之，机器是万能的，但代替手工是万万不能的。不纯的料也许看上去很美，但没法经得住时间的考验。非个旧的锡器是大部分人收藏使用的，但跟买了个旧锡器的人比起来，吃了亏那是必然的。

小贴士 *TIPS*

耐酸、抗碱、无毒、不锈、防腐，个旧的锡工艺品，出口的居多。

目前市面上高端的茶叶罐，基本都是锡罐。古时候的人还拿锡罐装水，净化水质之余，味道还清甜得很。别的金属都会有点味道，但锡就没有，这就是不会串味的原因。加上密封性强，内部温度恒定，但凡有上好的茶叶，必须还是要用个旧的锡罐才配得上。

锡器的清洗和保养：

①记得把白锡精品存放在清洁、干燥之处。

②切勿使用洗碗机或刷子来清洗白锡精品。

③避免白锡精品接触火焰或置于受热地区。当锡加热至 160℃以上，其质地会变脆、器物将剥落成粉末或碟状，所以，建议您对锡制工艺品不要加热到 160℃度以上，以免损坏。

④勿将食品或饮料放在白锡精品内隔夜，以免玷污其表面。

⑤家住海边一带者，须更频密清洗白锡，因空气中的大量盐分会令其失去光泽。

⑥使用温水清洗，清洗以后用柔软的干布擦拭即可。

⑦使用柔软的干布和优质的银器光洁剂擦拭可使表面光洁如新。

碛王灵验之所

全国成千上万的寺庙，若想找一个神、仙、佛、道、人、兽（图腾）一起的，仅此一处，绝无二家。这里既有佛家祖师释迦牟尼（如来）、观音大士供奉，也有道家权威玉皇大帝、元始天尊、太上老君；既有人神武圣关云长、忠臣表率岳飞塑像，也有开矿碛王赵天爵的塑像，更有“白猿献宝”传说故事中的白猿动物崇拜。寺中最高一殿，楼下是至圣天尊玉皇大帝，楼上是大雄宝殿如来佛祖，是佛道合一供奉的典型代表。

牛吧？来个旧的人，宝华寺是必须要去看看的，不然人家问起，你说没去，大半要说你白来个旧了。

四海的信仰——宝华寺

拜佛烧香，个旧人的首选就是宝华寺，而外地知道这里灵验，或者得偿所愿过的人，一有时间，或者一有困惑，都往这儿跑。

这里最少也有三百多年的历史。无论从各种地方志，或者是寺里的碑文上之记录来看，都说是赵老祖公发迹之后，出钱修建的。

但是光有修建两字，究竟是新修、翻修还是重建，就不得而知了。所以即便赵老祖公建庙的时候，才是第一次修建，到现在也在三百年以上。

所以，宝华寺也不知是见证了，还是保佑了个旧百年矿业的飞黄腾达，所以才在个旧及周边的地区，如此大受欢迎，属于红河州最有名气的庙宇。

人们觉得这里如此灵验，跟它历史悠久是有很大关系的。时间长了，来拜过的人，累积起来如天上星星，根本没法知道有多少。基数大了，愿望成真的人也就多，愿望实现了，自然是要拿着逢人便讲的，然后鼓励一下愿望还没实现的朋友，我都行，你一定也行的。

锡都有很多灵验的故事，有很多灵验的神仙。有人拜硔王发了财的，有人拜菩萨得了儿子的，有人求老君得了姻缘的。也不知道是因为个旧人喜欢的事情就一定会去不遗余力地追求，还是因为真的各路神仙保佑大吉大利，反正到了最后，谁也分不清是怎么回事。于是就把所有的神仙全部弄在一块儿，你就来吧，想拜谁拜谁，反正要说起来，哪一位都有灵验的案例可以说给你听。

再有，个旧作为移民城市，收纳了来自五湖四海的人们，转换成自己的成长动力。周边如建水、石屏、通海，远处如四川、两湖、两广甚至海归。虽然都是黄皮肤黑眼睛，但信仰终归不同。个旧这么有包容性的城市怎么可能让所有人都笃信一种东西，这样的情况也推动了宝华寺丰富内涵的形成。久而久之，一到逢年过节，汹涌的人潮挤进宝华寺，就成了一道独特的风景。

虽然每个人都想在那些时候去讨个彩头，但如果不是内心执着虔诚的人，在那几天想要进去还真的不容易。特别每年年初一，到宝华寺烧头香的人，都要满足三个要求：第一体力好，不然你怎么能在千军万马之中脱颖而出达到烧香的前列呢？第二荷包足，你说好不容易挤了进去，如果只烧一两把香，你好意思么？第三能憋气，因为上香的人实在太多，那烟雾缭绕的感觉，实在是缺氧，不能憋气的为了健康着想还是不要去了。

小贴士 *TIPS*

免费的，随便拜。你可以从宝华公园入口（老个旧一中旁边）进去，顺着大路一直绕（不要上登山小道），绕到头就是宝华寺。也可以从位于宝华小区的后门进入。后门的旁边有一个水龙头，你经过的时候会看到有人在用各种容器接水，然后或挑或提地带走。别以为这是用水困难的表现，水管里的也不是一般的自来水，都是宝华山里出来的山泉水。很多个旧人把来这里提水当作锻炼身体，顺便还能喝上山泉。不知道这个习惯从什么时候开始，但对于个旧的很多人来说，已经形成传统了。泉水的口感非常好，从心理上说，还带有宝华寺的灵气，应该对身体挺好的。当然，提水也是免费的。

宝华寺半隐藏于一大片苍松翠柏和层层杉林之中，搭配着黄瓦红墙格外有美感，走到寺庙边缘，居高临下，可以看到个旧全景。

院内可以拜佛，可以烧香，可以许愿，可以游览，可以发呆，在许愿和体验个旧宗教文化之余，也是个值得好好待着思考、发现自我的好去处。

老阴山顶有佛气——宝华寺上院

原来拥挤的地方只有宝华寺本院。

而现在，大年初一的凌晨，宝华寺上院的爆竹声可以不间断地响到天亮。

当春节晚会开始的时候，交警就要准备在上山的公路上维持秩序了。

上山的路并不好走，到了晚上没有灯，到处是山风的呼啸声。

但在过年的时候，绝对不会让人有害怕的感觉。上山的车一辆接一辆，在接近山顶上院一两公里的地方，已经到处是停车步行上去的人。

和宝华寺本院一样，这里可以拜的神仙也是各式各样，随心随缘。

对于在财神殿放通宵鞭炮的人们来说，最灵验的自然是财神。

对于在大雄宝殿专心叩拜的大妈来说，那个才是她上来的目的。

对于带着自己养不下的鱼上山的人来说，放生才是最大的慈悲。

而顺利结婚生子的夫妻却说，那座依着原来的溶洞而建的菩萨，才是里面最最灵验的神仙。因为他们刚认识的时候许愿排除万难也要在一起，于是不到一年就结婚了。后来又许愿要个宝宝，于是很顺利就有了个宝宝。

问他们怎么许愿的，他们说菩萨的前面有个宝盆，据说许愿之后，把零钱能顺利扔进去，就算是菩萨愿意帮你的忙了。

很有意思，您要不要也去试一下，实现了的话，别忘了再到个旧来玩，顺便去还愿哟。

小贴士 *TIPS*

宝华寺上院就在老阴山顶上，坐缆车或者从登山小道步行上去，到达山顶就可以看见。寺庙的占地面积很大，平常人不是很多，非常适合游览，免费的。停车位等周边设施也一应俱全。

镇阴塔与个旧女子

镇阴塔并不开放游览，人们只能爬到宝华寺上院的最高处，在它周围游走赏玩，每到天阴的时候，大雾迷蒙、大风吹过、风铃叮当，很有仙境一般的感觉。

有传说讲，是男人们担心个旧人阴盛阳衰而建了这个塔。又有说，就是个希望锡都一直稳定平安的标志而已。不管怎么说，其中关于个旧女人太强的说法，其实都来源于个旧女人的性格。

讲话语速快，也是为什么说个旧女人说话像唱歌的由来。语速一快，就会让人听起来颇有压力，讨论事情的时候，男人深思熟虑却插不上嘴，何其忧伤啊。

性格直来直去。个旧女人大部分都是很耿直的，有什么就直说了，不管对也罢错也罢，反正先展示了自己真实的一面再说。对于善于理解的男人来说，这当然是好事，能够知道对方在想什么，利于沟通。但是对于不这么想的男人来说，这就是一种难以忍受的泼辣了，就算我做错了事，你也不能这么赤裸裸地打脸啊——很多时候，个旧女人们的感情悲剧就是从这里来的。

性格独立。个旧女人既可以小鸟依人，也可以独立坚强。也许这是历史的传承也说不准，当年在尖子上打拼的人们，背后大多都有一个个默默无闻、奉献青春、撑起家庭的女人。她们都有共同的特征，对内柔和，对外独立。既能给丈夫家的温暖，也能在需要的时候站出来独当一面。这样，丈夫才能放心地到矿山去，为了幸福的未来竭尽全力。

随着时代的发展，个旧的女人们在各个领域都挑起了大梁，包括云锡矿业在内的各种高级技术人才中，女人们稳稳地撑起了半边天。也正是因为有了这群女人，个旧才会是那么一个充满了生活情趣的幸福城市。

小贴士 *TIPS*

很多人都羡慕个旧的男人近水楼台，能够亲近个旧的姑娘。连聂耳的初恋，都还是个旧姑娘呢。就因为觉得她太好，自己应该给她幸福生活，聂耳才放弃了母亲想去给自己提亲的建议，去了上海发展，尔后又到日本，打算闯出一番事业后，回来圆感情的梦。可惜，一切美好都在他 23 岁的时候戛然而止，而那位当年在东陆大学念书的个旧女孩，曾经久久等待过他的音讯……

可以耗上一整天的大氧吧——宝华公园

每个有品位、有情调的城市，都会有一个自己的天然大氧吧，让城市里的人们能够放松心情，呼吸新鲜空气，把负能量在与大自然的交流中宣泄掉，这对营造和谐的城市氛围非常有效。

个旧那么有情调、有追求、喜享乐的地方，自然也不会例外，宝华公园就是个旧人的天然大氧吧。

公园就紧靠在老阴山脚下，里面到处都是树，森林覆盖率有90%以上，郁郁葱葱，遮天蔽日，每年夏天都是超级避暑胜地，而冬天则看不到枯黄颜色，一年四季都是绿的。这也是很多人为什么喜欢在个旧度假和养老的原因，一年四季都看不到植被的变化，似乎时间都停止了，那岂不是永远都生活在刚到个旧的年纪，能不年轻吗？

宝华公园一天到晚都没有冷清的时候，早上五点钟开始，就有人顺着盘旋的大路或者蜿蜒的登山小道，开始锻炼身体。太阳还未升起，里面已经充满人气，让进去的人残留的一丝睡意也消失不见。

这样锻炼的场景会延续一整天，不断会有人进到公园，在山林之间的小道上若隐若现，对身边的松鼠等小动物视而不见，因为这对于个旧人来说太过稀松平常。

从中午开始，从山上下来的人，会陆续开始抢占公园入口处的烧烤摊位置。这一片的烧烤摊在个旧也很是出名，做的都是中饭到晚饭时段的生意，烤豆腐、烤鸡脚、凉米线之类的个旧烧烤日常配置，在这里因为味道正宗，所以很受欢迎，人均消费也就15~20块的样子。

走得累了，坐下来聊会天，喝碗木瓜凉水，填饱肚子再吹着凉风慢慢回家。这种幸福虽然普通，但让人愉悦，而且容易得到，这也是很多人每周都要去公园逛上几圈，吃上几顿的原因。如果想吃饭，里面也有好几家餐厅，躲在树丛里吃饭，味道如何先不说，情调反正是足够了。

到了下午，哪怕阳光热辣，走在宝华公园里也不会难受，树木帮你遮挡了大部分的热度。如果很有闲暇，跑到公园里睡上一觉，简直是天堂一般的感觉，要不是肚

子饿，睡到第二天早上也没什么怨言。

当然以上的消遣感受，都是针对成年人和居住在城里的人而言。对于小孩子和偶尔过来玩玩的游客，他们更喜欢去逛逛宝华公园里的个旧动物园。长臂猿、亚洲象、马来熊、狗熊、熊猴、懒猴、绿孔雀、白鹇……孩子们进去会逛得非常开心。谁会晓得这么一个小城里居然也有动物园，而且其中长臂猿的数量居然占全国公园拥有总数的一半。所以在个旧，早晨公园里报晓的不是雄鸡也不是鸟，而是长臂猿。

是不是很有童话一样的奇幻色彩呢？所以很多人才会一逛就是一整天。

小贴士 *TIPS*

宝华公园是免费游览的，个旧动物园的门票为 12 元 / 人。动物园既可以从宝华公园内的后门进入，也可以从宝华门凌云阁处旁边的正门进入。

搞文字工作的人去一下挺好——文学林

1983年，个旧文联特邀丁玲、杨沫、白桦、茹志鹃、王安忆等全国知名作家到个旧讲学，顺便立下了“文学林”的石碑，那三个字还是沈从文写的。

接着这群著名作家，在那里栽下了一些树苗。

三十多年过去了，树苗已经长成了大树，关于文学林的故事也逐渐多了起来。

到现在，很多学生在大考之前都喜欢去文学林沾一点大师们留下的文气，好让自己占个考场得意的好彩头。

要到林子里思考一下人生，就到文学林南边的状元栏去。状元栏看起来有点像个皇冠，正入口处有很多名人作家的签名、题词。中间有个孔洞，提醒着前来感受的各位才子，天外有天，人外有人，切不可自以为是。

次廊是两把整皇伞组成的双面长廊，上面的位置属于个旧本地的名人、高考状元等，他们留下简历、签名或者画像，用以身作则的方式激励着后来人。

建议搞文字相关工作的人到了个旧一定要去一下，一方面感受一下是不是真的有大师遗留下来的文气，另一方面如果遇到了创作方面的瓶颈，去那里静坐冥想一番，说不定真的会因为老阴山独有的灵气而有所收获呢。

小贴士 *TIPS*

文学林就在宝华公园里面，在去宝华寺的路上。平常人很少，在里面思考一天的人生也不会被打扰，但到了各种大考前夕，就能遇到很多人了。

梦回老锡都

在20世纪80年代以前，红河州人心目中都有一个登高望远的梦想，那就是登上七层楼，这个滇东南第一坐标。

心中的迪拜塔——梦回七层楼

我奶奶曾说过，一九六几年的时候，她赶着一群小猪，背着四叔，一路唱着红河小调从蒙自翻过两三座大山到个旧来卖。到城里的时候已经是下午，算是赶了个农民集市的尾场，庆幸之余又高兴地唱起歌来。

也不知道是小猪们真的看起来很有养殖的前途，还是来赶集的人喜欢她唱歌的姿态，反正没多久猪儿们就全部换了主人。她拿着寥寥几张钞票，数了又数，然后抚慰着咿咿呀呀不知道在兴奋什么的四叔，跟他说："不要闹，我给你买糖吃，带你去看大房子。"

年幼的四叔似乎听懂了，慢慢安静下来等糖吃。奶奶顺着一排两层的木头老宅往前走，已经是华灯初上，但街上的人还是不见少。走到半路她遇到一个挑着担卖叮叮糖的人，便让他划了一小块，递给四叔。四叔伏在她的背上，昏暗的路灯照射在白色的糖面上，散发出一小股诱人的香味，他津津有味地舔舐起来。奶奶获得片刻清闲，又忍不住哼起小调，她总是那么喜欢这些旋律。

没几步就到了那栋她住过几次的旅馆，门头的"旅社"两个字不知道挂了多少年，依然用它墨绿的颜色吸引着四面八方来赶集的人们。今天的床位很紧，好在奶奶运气不错，还抢到一个。办完手续，她跟随楼板被各色贩夫走卒踩得吱呀乱响的节奏，还有隔壁烧烤摊上就着烧豆腐喝酒的下班工人的划拳声，向个旧东西两条路在北边汇聚的地方走去，那就是她以前来过好多次都没有时间去好好看看的七层楼。

她好好地盯着这栋耸立在夜色中的庞然大物，显然与村子里那些土基房相比，这简直就是让人难以想象的高度，站在最顶楼，说不定就能看到村里了吧？她站着看了好久，憧憬起以后，等小四他长大，四化实现了，也能住在这么高的楼里，那该多幸福啊。

天气越发暗了，吃光了叮叮糖的四叔开始哭叫着肚子饿，奶奶只能带他去吃东西，然后回到那个充满了贩夫走卒气味的旅馆，等待明天的生活。

最终，奶奶一生人也没有登上过七层楼的最高处，而现在，我们能登得更高，但怀念的，却依旧是她那一晚站在路口想象未来日子的小幸福……

1998年2月20日，七层楼从这个世界上永远消失了。

那是一个深夜，天气很冷，周围又安全戒严，所以没几个人围观这事。估计连定向爆破的那两声炮响，都没能吵醒几个人。幸好有摄影爱好者抓住了黄灰之间七层楼最后的影像，颇具历史意义。

不过很多人还是觉得有些不忍，尽管是建设锡都精品城市的需要，但永远失去一个老朋友还是会觉得感伤，需要时间适应。

有人专门到废墟上去，喝了一杯酒，留了一张影。

很多老个旧人依旧经常说起七层楼的故事，他们还记着那个可以吃饭、理发、照相、洗澡、批发、玩电子游戏、打台球的七层楼。

小孩子们把洗澡堂当成游泳池，玩够了出来吃凉米线、棒棒糖。

年轻人会去那里买散装的洗发水，或者雪花膏。小伙子们谈起那个神秘的女士用品专柜，还会羞红了脸，而女人们都知道，那里除了清一色的白布胸衣，别的什么都没有。如果想要挑挑款式，那么只会等来一句——“正经点”。

小贴士 *TIPS*

现在的七层楼已经被同一位置上高大的电信大楼所取代，但无论这里以后盖的楼有多么高，个旧人永远只会把这里叫作七层楼，这是一个心灵的地标。关于七层楼的原始记录，在网络上可以找到一些，另外在博物馆或者私人收藏的老照片上，也还能回味一下那时候人们登楼就能感觉幸福的简单时光。

个旧的第一个户外广告出现在七层楼，第一双白球鞋出现在七层楼，第一件黑色男衬衫，也出现在七层楼。

它曾经是引领个旧时尚发展的象征，但现在时代已经不需要它了，于是它就变成回忆，留在照片上。可能以后的孩子们也不会知道七层楼曾经是个多么有意思的地方，但这并不重要，能够给一两代人带来美好的回忆，对于一栋建筑来说已经相当伟大了。

低调的奢华——宝华门

时下流行一句话，叫做低调的奢华，用来形容宝华门再合适不过了。追求这种感觉的同学，一定要在这里徜徉片刻感受一下。

看起来没什么特别的，宝华门就是个旧动物园门口一座又老又小的城门楼子。

不过就像岳阳楼没什么特别却能称作天下第一楼一样，宝华门在周围的广厦之间就是个活化石般的小老头子，从某种意义上却暗藏着个旧的精神象征——包容。

在别处总有一山不能容二虎之说，个旧偏就可以，你不见缪云台和吕冕南就没有同室操戈么。只要你真心在这个城市生活，它必定就会对你敞开宽容的怀抱。

这种精神就刻在宝华门的门牌上。建成于1921年的城门楼，有三层，向北的一方二楼翘檐下挂着“凌云阁”三个字，两边石拱门洞门楣上的则是“宝华门”。

小贴士 *TIPS*

一门二名，喜欢哪个读哪个。就像个旧和锡都，两个名字，一处宝地。到现在，宝华门依然是个旧的地标性建筑之一。小孩都喜欢从门里钻过，说是钻了成绩好。

看不见的宏伟——通宝门

通宝门非常宏伟，非常漂亮，细节上也雕琢得非常到位，比起宝华门来，它要大得多。

人们去了，一定会拍上好多张照片，摆上N多个pose，像看到很多精致美妙震撼的老建筑时一样。

这道门算是个旧的南城门，必然不会太小。

解放个旧的时候，解放军就是连夜从这里进城的，这座很雄伟的城门，解放牌汽车都开得过。解放之后，那一片的派出所就设在通宝门上，估计在那上班的人每天都相当有优越感。

看到这里，到了个旧的你，是不是觉得一定要去看看这个非常值得合影留念的城门呢？

那是当然的，如果它还存在的话。

可惜，就算50岁左右的个旧人，也根本对这座城门没有任何记忆。半个多世纪以前，它就被拆除了。

不过也许再过几年，你来了又可以看到它的容姿。个旧这些年都致力于建设文化名城，恢复通宝门的计划，也正在研究当中。

为了能够到时候原模原样再现出来，还弄了个有奖征集，在社会上寻找通宝门的老照片。后来还是个旧一中的一位退休老教师，写了一篇回忆通宝门的散文，然后根据这篇散文，他又凭借着记忆勾勒出了通宝门的素描。

这真是不幸中的万幸，对个旧的重要程度，相当于保存了恐龙的DNA，当时机成熟，还可以再造个一模一样的出来。

小贴士 *TIPS*

当年的通宝门附近，如同电视古装剧中繁华的京城集市，让人流连。门外“赵老倌卖的卤肉”“陈大爹卖的杂货”“赵三叔卖的米线”等等，都是个旧人的最爱。甚至天阴下雨，赵老倌不摆摊了，依然有络绎不绝的人到他家去买卤肉。但愿有一天，我们还能见到这个很有老个旧韵味的地方吧。

非一般的云庙

跟临安城不同，那里孔庙最有名，当年是学霸们一起玩的地方，而锡都则是云庙最有名，进出的人等可比读书人要市侩得多。人上一百，形形色色，对看客们来说，能听到的传奇就更多。

各种商会、工会、消费总局、税局、银行、保安队还有一些跟大锡相关的机构，都把根据地设在这里。再加上这里既是庙宇，又是会馆，纯粹的一站式商业中心，寸土寸金，没个绅士、权贵、大商人的VIP名头，还真是不能一起玩耍。个旧近代的CBD就是这里了，没有之一。到了现在，还依然是个旧人茶余饭后休闲玩乐的重要据点。

3000平米的三进四合院，坏了修，修了坏，一百多年来在个旧只有被模仿，从未被超越。要不是有这些历史上各种大人物的气场支撑，在红河，云庙难能跟临安孔庙抗衡呢。

云庙里面有两个很重要的神仙，是个旧人非常喜欢拜的。其实拜神这回事，从所拜的神仙就可以看出这个地方的人的性格特征。喜欢拜文昌帝君的，肯定是像建水这种出了很多厉害文人的地方，喜欢一个庙里什么神仙都有的地方，那肯定是百业兴旺，干什么生意的人都有。

个旧，作为一个工业城市和山里到处是宝藏的地方，喜欢拜关圣帝君和硔王就顺理成章了。关圣帝君有武圣的意味，说明怀抱财富的个旧人很需要安全感。同时他又可以代表财神，那就是安全生产和GDP增幅两手抓，两手都要硬的意思了。硔王那不用说，赵老祖公的面子在个旧的地盘上肯定是很好使的。

云庙很有味道，这么说肯定是有道理的，王婆自夸这种事情我们从来不做，都是用事实说话，你不见多少年轻男女一拍情侣写真婚纱照什么的，就要往那大红门后的院子里跑。给个小提示，那里特别适合拍古装写真。要是真的心血来潮了，直接找一家摄影机构拍上一组，也算是在个旧穿越一回了。

好玩的是，身为云庙，现在却是个旧市武术协会的大本营。我有个朋友的父亲，从小习武，退休之后就全身投入了全民健身运动的大潮。

兴许是觉得跳广场舞实在是太普通了，所以他别出心裁开始教各种大妈们打拳练武术。当大妈们跟着他扎马步摆架子的时候，他的心一下回到了1983年偶遇孩儿他妈的那个下午……

这就是个旧的云庙，世俗至极，却又充满了宗教意味的云庙。

打磨冲的探险之旅

云庙里面有个圆形石碾子，本地的年轻人也没几个人会关注这东西，不过对于长途跋涉过来的旅游者来说，这东西可得亲手摸一下。要说有什么寓意，其实跟拜财神差不多。

它看起来就是一枚硕大的“方孔兄”，当年是用来粉碎锡矿的，对于矿老板来说根本就是一台印钞机。

当年造这个碾子的沙氏，也是牛得很的一家，但凡要做这东西的老板，基本都是他家的客户。他家帮你做一个东西，刻下多少废料来，你就得给同样重量的工钱。什么叫点石成金？恐怕没多少人比他家更清楚了。这家人一直风光到20世纪50年代，个旧通用机械厂（是不是很耳熟的品牌）造出来钢铁球磨，才因为技术进步而没落。

所以说个旧其实是个蛮残酷的地方，在这里打拼如逆水行舟，不进则退。

如果觉得光这个石碾子的财气还不够，那可以到打磨冲的遗迹去，大坨大坨当年的印钞机隐藏在灌木丛中，和历史一起被掩埋了。只有那些喜欢从历史里寻找秘密的游人，才能体验到其中乐趣。

小贴士 *TIPS*

去打磨冲探险，要走个元公路，过了仙人洞隧道200米，往岔路下去，方圆几公里以内都是遗迹。在灌木丛生的林子里你得小心，受了伤可不值当。值得探寻的地标是一片油菜花地，庞大的原料巨石就沉睡在那里。

回忆的废墟——那些被遗忘的老房子

在个旧，有一些被遗忘的东西，充满了美感，但又在很缓慢地消失。本地喜欢寻找这种残破情调的人，不时就会去转悠一下，看看到底现在又变成什么样子了，然后用照片把它们的消亡过程记录下来。

这些建筑中最典型的，莫过于从红河州第三人民医院旁边巷子进去，一路绕个几百米向上走，然后会遇到的那两栋房子。

跟所有的法式建筑一样，看起来深黄的颜色，斑驳的墙面，岁月的痕迹早就在房子内外爬得一塌糊涂。

两栋房子相对而立，互相关照怕有一百年了。一百年来，它们看过太多的悲欢离合，见过太多的住客在这里来来去去。来了的，它们不抗拒，去了的，它们不惋惜。自己的墙面裂了，院子里堆满了春去秋来的污物，它们也不抱怨。就像两个风烛残年，看淡了一切的老人，只是站在那里，就足以让你感叹人生了。

现在陪伴它们的，是一群外来务工者。也不知道该说他们幸运，还是不幸。能住在这样别致漂亮、别具美感的法式小楼里，可以算是幸运。可是年久失修无人修葺之下，住在颇有些历史“味道”的地方，又让人感觉并不是那么如人意。

不如人意的，也并不止那么一点事情。时常约朋友一起去的时候，都会说起，如果这两栋老法国楼的使用权归了我们，打算拿来做什么呢？

有人说开个酒吧，左边喝咖啡，右边喝酒，到了晚上，大家都可以到中间院子的喷泉处，就着昏暗的灯光和一百年前的音乐，跳起舞来，肯定不少人喜欢。

又有人说，这么好的地方，干吗非得如此吵呢，改成个客栈不也挺好。每天醒过来的时候，让客人们总是分不清两件事，一件是这里到底是什么地方，难道是法国的小镇？另一件是这到底是什么年代，我是不是穿越了？等他们弄清楚这两件事的时候，大概也没精力弄清住这客栈该收多少钱了。

这些想法都非常有价值，不过比起这些来，自己围起来做一个庄园，除了跟亲朋好友喝下午茶看院子里的金鱼之外，别的什么人都不让进，岂不是更有优质生活的味道？

说着说着，还真就念念不舍余音绕梁起来，是不是就要挂念起这两栋被很多人遗忘，却没有被时光遗忘的老房子来。

另一处就是一职中附近的老房子群，这些房子的年纪，比起先前说的两栋来，要小一些，不过从外形上看，其老旧程度也差不多了。

不同之处在于，这一片的老房子，比起老法式来，更有生活的味道。狭窄的巷子里，三个人遇见就得侧身子走。但是除了不方便一点外，又不会有阴暗的感觉，因为这一大片上，基本找不到两层以上的房子。不仅身高整齐得很，连外墙的红砖都如出一辙。

居民们住长了，感觉这些风格类似的小房小院有些枯燥，就开始按照自家的风格打整一下居住环境。有种花摆得门前都是的，有种蔓藤爬了半壁江山的，还有什么都不搞就靠贴报纸的，美其名曰锡都巴洛克风格。

这么搞得多了，竟然真的就出来了自己的风格。可惜就是过于原生态了些，又没人开客栈开饭馆什么的，广告都没办法打。如果真的开发出来，那情调，那泡在其中的感觉，绝对吸引大群大群的游客前来耗着、躲着，寻找微幸福的乐趣。绝对是一个不逊于任何旅游小镇的好地方啊。

看完了这个颇具潜力的老街区，如果还不过瘾，就继续向通宝门附近三道坎的方向进发。那边也是个旧的老城区。几十年前什么样子，现在基本也还是什么样子。同样是纵横交错，小巷子如同没什么规律的血管，胡乱穿插在个旧城的边缘。

一进到街区，感觉整个世界都变慢了，时间的力量很难从这里带走什么。人们缓缓地走过一成不变的街道，见不到什么成功的喜悦，却充满知足的幸福和淡定。在个旧类似的老建筑成堆的地方，总是可以见到以最自然的方式生活着的人们。

除了这些，还有一个地方是喜欢看老建筑的人不能错过的，那就是云锡的家属区的老房子。主要集中在从新街上去，到菜市街口往右转，一路走通头到炼厂车站与金湖西路交汇的这条小路上。

这条路上的老建筑充满了20世纪五六十年代的特色工业建筑风格，包含一些数十年前的楼房，一进到里面，就能感受到那个年代扑面而来的气息，可以搜集到非常多的有纪念价值的瞬间。不过这一片老房子正在逐步改造拆迁中，想要去留下纪念照的朋友也值得花上半天时间，好好地留下锡都曾经非常特色，而现在正在消失的记忆。

小贴士 *TIPS*

从老建筑的方面讲，个旧又再一次配得上小香港的称呼了。从法式遗迹到近现代的屋村般建筑，还有隐藏在其中的各种民族资本家留下的特色房屋，完全是一场历史性建筑美学的草根式展现，对于对房屋建筑以及相关的人文感兴趣的人们，个旧会是一个非常值得逗留的小天堂。

大屯人的信仰地——魁星阁

个旧城里的人拜佛许愿，都是去宝华寺，而城外的人，就没那么容易了。

比如大屯的人们，就喜欢去魁星阁。

别看那么一个小地方，也是明朝永历年间就有香火的了。掐指一算，那时候美国还不存在呢。后来损毁了，又在清朝最后那两年重建了一座，还是原址。

它坐北朝南，八角攒尖顶，翼角起翘，筒板瓦合。藻井部分为露明造，屋檐斗拱分布密集，制作颇精，楼阁底层用柱16根，柱网平面呈四方形，上层用柱16根，呈八角形，构架精巧，风格独特。

不过对于大屯人来说，重点不是这个，而是它确实是祖上就一直去拜祭的寺庙，抛开灵验的事情不说，感情上讲，这也是不折不扣大屯人的信仰寄托，所以香火不可能不盛。

小贴士 *TIPS*

位置就在大屯镇原文昌宫内，为个旧市文物单位。

洞经情缘——大屯洞经乐团

上次砒王祭典的时候，他们出来表演了几曲。

朋友在旁边听得摇头晃脑，我问他你听出什么来了？

他说他听到有人在山坡上放羊，坡脚有一条河流过，把沙子都带走了，里面的龙跳出来叫了一声，化成了一个美妙的少女，娇柔的脚步走了过来……

我说你别以为我没听过洞经，你说的不就是人家的四个保留曲目《山坡羊》《浪淘沙》《水龙吟》和《步步娇》么？

他说我没有听过这些名字，却听出了这个意境，这就叫知音，知音你知道吗？

我点头称赞他厉害，就这水平，简直可以跟尹壮图一比高下了。而且他还没搞清楚洞经是拿来干吗的，一般这种音乐形式都在祭祀等场合出现，在私人家庭谈演洞经的时候，目的是为祖先超度，然后告诉路过的亡魂听洞经有什么好处。

所以他说自己是知音，真是有点用词不当……

洞经是尹壮图引入个旧的，尹壮图是谁？个旧乍甸人，是嘉庆皇帝的老师，想来文化层次不是一般地高，根据洞经的原始目的推断，当初尹壮图也许是个内心很酷的人，以研究跟亡魂的沟通为乐。

可能会玩这个的，都不是普通人吧。

你看看这些大屯的民间艺人，个个长袍马褂，正襟危坐，音符就这么从指尖的乐器里流淌出来，虽然听不懂在唱什么，可一不小心，思绪就被他们勾过去了。赶紧把思绪拉回来，但一会儿之后，又开始有画面感了。

所以谁说洞经是老古董？只要能打动人的，放哪个年代照样一大群人喜欢，画面感这种东西，确实是一种音乐形式是不是真有价值的标准啊。不然哪会有人邀请他们去参加北京现代音乐节？是的，你没听错，就是现代音乐节。音乐是可以穿越时空的，不是么？

小贴士 *TIPS*

他们并不是定期出来演出，能不能看到完全靠巧合。如果真有兴趣，就去大屯打听一下，兴许能运气好碰到呢，特别是有地方宗教祭祀活动的时候，最容易出现。

阳山且望阴山俏

其实老阴山并不能作为一个景点，它应该算作个旧的城市原点，个旧城的一切，都是从它那里发源出来的。到现在，它依然是个旧人生活不可缺少的一部分。到周末，很多人通电话的时候，第一句就是，走，爬山克（去）嘛。

一年四季采摘时——老阴山

就这么简单的四个字，实际上根据不同的情况隐藏着很多的意思，不过所有的意思之下，都有一个共同的主题，就是采摘。

比如纯粹的去爬山，顺着登山小道，走走停停，一路聊着天，在树林里穿行向上。在满眼的绿色中，走过两千多级阶梯，感觉肺活量骤然变强，越到后面，清新的空气在肺部游荡，让人神清气爽越来越舒服。经常这么搞一搞，你很容易就能采摘到健康。

又或者无论是走楼梯也好，坐缆车也好，反正到了山顶，只要自己高兴，都可以说是爬山了。在观景台上，豁然开朗，整个锡都的美景尽收眼底，看看脚下的云，听听耳边的风，对着山下波光粼粼的金湖大喊两声，什么烦恼都没了。这不是采摘到快乐了么。

然后顺便到宝华寺上院许下自己的心愿，回家做人做事都放轻松，心情好了，一切自然会顺起来。这就算是采摘到了希望。

好吧，如果觉得上面那些都是虚的，那么来说点实在的。

每年四月份的时候，老阴山的樱桃就红了。跟家人朋友一起，最好是开车上去，不然提着一堆自己摘的樱桃下山好麻烦。你是不知道那些樱桃有多大，大还不说，看这个也是好的，那个也是甜的，老阴山的樱桃，真是没办法挑的。到最后没办法，就到处摘着乱吃一通，每次去，都要仰头摘樱桃摘到脖子痛，吃到嘴巴甜得分不出味道，这才肯乖乖15块一斤买一堆回去跟家人朋友分享。在老阴山采摘果实，就是这个样子啦。

转眼到了夏天，在个旧断断续续的雨季里，套用句《舌尖上的中国》的词，老阴山开始出现自然的馈赠。

其中最多的，就是白蕨，这玩意儿每年都大批出口日本。蕨菜到处都有，但是白蕨就不常见。除了老阴山上随处可见，别处就难寻踪影了。若是从登山小道上去的，就直接往山上的小大坡村上寨继续走，路边上就有，挑着嫩的摘，若是有小路进去，就一路进去找。一般进去就会发现整片整片的蕨菜。摘上个把小时，手中的袋子已经完全装不下了。所以多几个人去，多拿几个袋子，才是摘野菜的王道。

如果是开车到山顶的，可以选择在距离宝华寺上院一公里多的小大坡村下寨就停车，开始寻找野菜，又或者直接开到上寨去，宽宽的没人跟你抢。

如果找的效率低下，别着急，只需要半个小时适应一下，你的目光就会被炼成火眼金睛，任何好货色都逃不出手掌心。请你秉承着肥水不流外人田的理念，把老阴山的自然馈赠尽可能地收入囊中。

别担心摘完了，你绝对是吃不完的，就算现在把能吃的都给掐了，过两天一下雨，又是遍地开花的干活。

如果对野菜种类有研究的人，一路上还会有很多别的收获，就看你在这方面的见识了。

这些，就是老阴山采摘野菜的心得。不管你追求的是什么，也不管你身处什么时候，只要上了山，总有可以采摘的。这样广阔的胸怀，不由得不爱上这座山呢。

小贴士 *TIPS*

小大坡村有很多家樱桃种植户可以选择采摘活动；入园费 10~15 元，随便吃。采摘出来购买价格为 15~20 元 / 斤。有些家还可以订餐，品尝有机蔬菜和土鸡，人多的话，还可以定一只黑山羊，把春游聚会整整耗上一天。

采摘活动完成，累了吗？就在老阴山头吃一顿吧。这个是个旧人的假期保留项目之一。

老阴山顶，宝华寺上院的外面，天气不是特别坏的时候，烧烤市场都会正常营业。在那里可以吃到正宗的阴山农家饭：烧包谷、煮包谷、包谷饭、麦子饭、荞饭、荞粑粑、小米粑粑、毛丝花粑粑、山羊奶……别的烧烤就自己看着办吧，人均消费 20~30 元。

野游根据地——亲近城市的老阳山

比起老阴山来，老阳山的玩场，都是人们约定俗成，自己搞出来的名堂。没有太多故意开发的痕迹。所以有不少人也喜欢晚上顺着去贾沙的老路上山，挑个合适的位置，看着个旧的夜景喝喝啤酒。青山翠竹的包围之下，从另一种角度看到个旧的湖光山色。

如果遇到山下云雾澎湃，山上蓝天一片的时候，个旧城在一片云海中忽隐忽现的情景，就会牢牢印在你的记忆中，成为日后经常会提及的谈资。

虽然这种事在老阴山做也一样成立，但两边的个旧夜景给人感觉截然不同。从老阴山上看个旧夜景，如同上帝视角，从天上俯视，奇妙多过有趣。而在老阳山上看，则更有亲近的感觉，如同在自家后山一般惬意。

小竹林饮茶

因为地势平缓的缘故，很多骑行的人都选择在周末，从新冠或者新街出发，穿过土地塘村，一路向上面的小竹林去，最后到达水库的边上，感受下满身大汗的成就感，在微风拂面的畅快下，开心返回。

到达小竹林的时候，一群人钻进去，找个清静的地盘，围坐起来，用简易炉子煮水泡茶。围坐在一起谈笑鸿儒，玩的就是这种文艺味儿十足的小情小调。

这都是本地人才爱干的事，游客们一般都没时间去，除非是住在了个旧，准备深度体验幸福生活的人。

来回五六个小时，就为喝点水

当然这些乐趣并不是骑行者的专属，更多的人还是选择徒步上山。走小路，在油菜花丛和各种奇形怪状的树下穿来穿去，比走大路费力，也比走大路风景优美。如果去的时间稍晚，就经常遇到从山上下来的人，也是跟从宝华寺后门下来的人相似，或提或挑着水。说是来自老阳山里面一处神秘的龙潭水，一些老人每天都要挑来喝。

本来想自己也亲身体验一下，但听到一个来回得五六个小时，就果断放弃了。

小贴士 *TIPS*

很多老人习惯下山的时候在土地塘村的农家乐聚一下，聊天唱歌喝茶，然后吃碗米线继续回家。年纪稍小的人，来这里还是选择吃饭，吃农家鱼。

白云村的惊喜

五月份的时候，这条路一直往里走，绕过颠簸、陡峭、狭窄的山路十八弯，就可以去到白云村摘桃李。价格比山下便宜，因为是原产地也绝对新鲜，而且可以吃到相当原生态的农家菜。

几碗家常菜摆在桌上，看起来并不起眼，但一筷子下去，就开始狼吞虎咽，仿佛回到了胃口大开的中学时光。奇怪的是，几乎去的每个人，都会变成这个样子。也许这真是个治疗厌食症的好地方。

但是给人感受最深的，还并不是这些，而是当你站在村子里，抬起头发现的惊喜。

当眼神定格在天上的一瞬间，很多人几乎要忍不住叫出来。这云怎么离我这么近？！伸出手去，那感觉，简直要摸着天了！

这个经验告诉我们，想要感受摸天的感觉，不一定需要去西藏的。

加级寨梨花会

每年三月初到来之前，个旧的很多女生就开始跃跃欲试，在网上搜集各种摆pose的照片，勤奋练习，就等着梨花会开幕。

到了梨花会的那三天，无数的女孩子就会出现在加级寨，在万亩梨花的超级美景里，制造各种堪比专业写真的照片，塞满自己的手机和相机。

如果你责怪她们痴迷于这件事，那只是因为你还没有在梨花会的时候去过加级寨。

当你站在漫山遍野的梨树中间，满地都是花瓣，忽然一阵春风吹来，树上的花瓣如漫天飘雪，带着似有似无的香味，飘落下来。地上的花瓣，也被卷起，仿佛舞台上一阵粉白色的烟雾。

在这样一个梦幻的时刻，作为一个女孩子，你能忍住不跳起来拍照吗？

对于喜欢拍照的女生来说，能用的景远不止梨花本身。在漫天花瓣中体验完公主的感觉之后，还可以去桃花面前摆摆造型。

加级寨的梨花格外美，还有一部分原因就是其中点缀着桃花的颜色。

拍完了桃花，农户家的土基墙，还有墙边摆放的一堆瓜之类的道具，拍出来都相当文艺。

就这么东找找，西拍拍，一天很快就会过去了。

那么加级寨梨花会对于男人、男生和少年们代表着什么呢？其实一点也不重要，因为女人、女生、少女们都去拍照了，他们还能找到不去的理由吗？

小贴士 *TIPS*

梨花会的时候开车去会很堵，但是没办法，谁让那景色漂亮呢。一般到那三天都会交通管制，所有机动车辆只能从二冶方向的入口进去，从乍甸离开（没去过的同学请注意导航）。从加级寨到乍甸的这一路上，风景非常美，还有一些独到的乡村景致值得探究（比如要钻过土隧道才能到达的村子）。

那几天加级寨的农家乐全部会爆满，村民出来临时摆的小吃摊也会生意不断。梨花会期间最不开心的，应该就是那些被女生硬拖去当司机的男人，不过没关系，等他们看到梨花的时候，心情就会变好了。

何况过几个月还得来，中秋节前后，加级寨的鲁沙梨就熟了，一群朋友前去摘梨，顺便农家乐小聚，同样是个旧人民喜闻乐见的娱乐活动。

距离个旧城区车程 30 分钟。

新民寨自助烧烤

一般这事个旧人都是提前一个星期约，一是对于它的期盼可以让自己高兴整个星期，二是好配菜。

个旧人对烧烤的要求历来都很高，不仅要好吃，地方也要轻松，身边的人更是要合适。物以类聚人以群分的情况，在这件事上表现得淋漓尽致。

新民寨用它的自由度和地理优势，满足了个旧人对烧烤的所有要求。

要说好吃，自助的，想吃什么带什么。

要说轻松，老阳山上一年四季都是春暖花开、草长莺飞、依山傍水，在这种地方吃烧烤，就算东西没带够，看看风景也饱了。

要说人，道不同不相为谋，总不至于会跟与自己蹬鼻子上脸的家伙一起去野游吧？

反正这里就是一个能放松到极点吃烧烤的地方，去了人分成两拨。一拨先去玩，摘花也行，滚草皮、打秋千睡觉都可以；一拨人先烤着东西。等半场结束了再交换，另一拨人去玩，皆大欢喜。

另外还由于野外说话的私密性强，所以闺蜜聚会，情侣散步什么的，都对这里趋之若鹜。

小贴士 *TIPS*

一般两个选择，寨子尽头，鱼塘边有一家。顺着鱼塘边的小路进去，走上 200 米，豁然开朗，大片草地，又是另一家。两边价格一样，都是 40 元租一个烤桌，包含炭火，如果需要小刷子上油，则每个租金 2 元。

从个元公路岔戈贾森林公园的入口出发，步行 40 分钟可到。驾车 10 分钟。

戈贾森林公园农家乐

上面的空气质量非常好，植被也保存得相当不错，生态系统完整，证据就是那里的野生动物还相当多，还曾有人组队去捉野猪玩，当然抓到后还是放回去（玩法相当彪悍）。

春天去的话建议步行，这时候的山间小路长满青草，被各种叫不出名字的小花点缀得很有情调。一路上就算自己走也不会寂寞，因为满山火红的杜鹃花和里面穿梭鸣叫个不停的小鸟，会让你远离这种情绪。

远远的似乎可以看见房子，但是又不确定是不是，只因为房子都被桃花、梨花包围起来了。待走得近一些，鸡犬相闻，才发现原来已经到了。

吃饭之前先去竹林隧道转转，一个遮天蔽日的迷宫里，有不少人是唱着歌给自己壮胆走。一直走到双龙草场，就会看到城市人难得一见的林海，那震撼程度，一点也不输给云海，就怕你拍照的手机内存不够用。

转回去吃饭，才发现原来不是在馆子，而是在大队食堂，一个四合院里面。桌上全是地道农家菜，刀背肉、油炸酥肉、大块扣肉、酸菜肉，光是念给你听我都肚子饿了。吃腻了来点苦菜、芋头、白花、油炸干辣子什么的，有机生态的食材，吃起来就是放心地爽。

吃到一半，会有人弹着三弦出来敬酒，规矩是如果你不回一首歌给他，就要罚三杯，所以记得一定要唱歌，把你心里的高兴全部唱出来，才算不虚此行。

小贴士 *TIPS*

五月的时候去，运气好可以遇到上面过糯苞谷节，彝家人弹三弦、跳舞、对山歌，你可以跟着他们一起疯，甚至还能参加他们的比赛，斗鸡、斗画眉、爬树比赛、爬竹杆比赛、打弹弓比赛、打地陀螺比赛、锯木头比赛、砍树桩比赛、扛木头赛跑、吃糯苞谷比赛，只有你撑不住的，没有你找不着乐子的。

从个元公路岔戈贾森林公园的入口出发，步行 1 个多小时可到，中途会路过新民寨。驾车 20 分钟。农家乐供应各种土菜，人均消费一般 30~40 元。

老阳山追日出，老阴山追日落

老阳山上看日出，老阴山上看日落，总是很多人津津乐道的事情，比世界上很多旅游胜地的日出日落都要精彩许多，而且还没什么人跟你抢位置，绝对不会造成不必要的阶级矛盾。

每天五六点钟，已经有人开始爬老阳山了，顺着新街出发，从个元公路上的水果批发市场旁边的小路一直向上，到了土地塘的时候，东方已经散发着鱼肚白。加把劲继续往上走，到达更上面一个村庄的时候，正好在看日出的好位置上。想站着还是坐着，随便你，只要能让第一缕朝阳照到自己脸上就好，那种微痒的感觉，实在美妙。

等到了下午的四五点钟，则是追逐日落的时候。从登山小道或者缆车一路向上，到达山顶观景台边的亭子，静待日落。

远处的老阳山上，流云不停飘过，鸟儿盘旋着送走太阳。然后火红的夕阳扭动着害羞地藏到山下去，相当漂亮。

体验这感觉，一人也可，但情侣更佳。

还有很多懒得走路又追求浪漫体验的人，提出过一个构想，是不是可以追逐日出，跟着太阳一同升起。在山顶快乐一整天之后，又跟着日落，一起慢慢地下山。

如此的浪漫，其实并不难实现，早上去永胜街坐缆车算好时间，争取能够跟日头一起上升。傍晚下山的缆车已经停了，那边开车下山，在最后一丝阳光落入老阳山中的时候，正好回到个旧城。

小贴士 *TIPS*

永胜街口通往绿海小区的缆车，车程不长，但极其有特点。从个旧城中出发，穿过一条半山隧道，便到达山顶的小区，一下豁然开朗，登高望远，仿佛短短几分钟就穿越了时空。

走一圈、歇一歇的情调——金湖与金湖文化广场

0.7平方公里的金湖，4公里一圈的周长，却是个旧人几十年的玩味……

想要知道个旧人的日常生活状态，最好的办法就是从锡都文化广场出发，绕着金湖走一圈，再回到广场。这样你基本就能见到所有类型的个旧人了。

但凡在个旧生活的人，谁没绕过金湖，谁没在里面划过船？

一开始是没有金湖的，而个旧也是个用水困难的地方。下的雨顺着落水洞（现金湖文化广场背靠的山体上）就不见了。

20世纪50年代的某一天，个旧降下暴雨，落水洞却根本不排水了。低洼的地方被完全淹没，于是人们只有果断放弃，将计就计把这一圈地方改成了金湖。

不幸中的大幸是，从此以后个旧便不缺水了，似乎老天就是为了验证塞翁失马焉知非福。

再然后，绕个旧湖就成了大家的口头禅。

吃完饭，就习惯出来围着走，散步、聊天，几乎每天都能遇到熟人，很有在自家后院鱼池边的感觉。

到了周末，开放音乐喷泉和水幕电影的时候，更是热闹。有人干脆懒得回家看电视，看完了水幕电影就转去金湖文化广场那儿，围着大屏幕看电影，看到累了，回家睡觉。

就是因为过来歇一歇的人太多，所以金湖文化广场变得每天都像嘉年华，打球的，健身的，跳舞的，抽陀螺的，练拳的，围着矿工雕像跑来跑去的，围着碛王雕像跑来跑去的，过年过节来放烟火的，看车展的，逛庙会的……

不过看来碛王大人并不介意人们每天来他的广场上娱乐，不管多少人在这里，他永远是气定神闲地看着他们，仿佛在说："来吧来吧，跟着我，你们都会很幸福的。"

其实也确实是这样，很多普通的个旧人，只要能安稳度日，然后晚上跟着家人朋友出来，走一圈、歇一歇，也就感觉很幸福了。

天涯何处无泡池

在去的路上忍不住作了一首诗，只有一句话——我曾以为山与云的彼端，只会在梦中出现。车子努力穿行在蜿蜒的山道上，若不是引擎的声音和破损的水泥路面，似乎就要完全隔绝了文明的气息。在一个突如其来豁然开朗的地方，我们看到一幅硕大无朋的水墨画，并且坚信在任何一个别的地方也不可能看到相同的景象。

硕大无朋的水墨画——去丫沙底的路

山的背后，有一个轮廓，细看之下，是另一座山。而另一座山的背后，又有一个淡一些的轮廓，细看之下，还是山。

就这么一直到第四层山，似乎山顶已经插进了云、拱破了天，壮观到让人说不出话，只能一个劲拍照，生怕错失了这难得的美好。

但这并不是故事的结局，当我们晚上看照片的时候，才发现了这幅水墨画真正的高潮。

原来那些背景处我们以为是云的东西，根本就不是云！

那一层极其淡的、看起来就像是用笔锋轻轻扫过留下的痕迹，居然是另一排高得吓人的山脉！

一瞬间，脑子里的各种想象被这照片背后隐藏的震撼所勾引，彻底爆发出来。好一会才蹦出一句总结：那绝壁是仙人住的地方。

小贴士 *TIPS*

从个元公路出去十来公里，就可以看到一条岔路去丫沙底温泉，有很大的标牌指向，不会弄错的。问题只在于，那条路坡陡路弯，相当不好走，开车千万小心。

冬天最好，闲闲地去——丫沙底温泉度假村

如果没有丫沙底，南沙人要多赚好多钱。为什么？因为个旧人定时都要去泡温泉，而蓝色尼格温泉又容纳不下那么多个旧人，所以很多人就会跑去南沙泡，那肥水岂不流了外人田？

周末的时候最好不要去，去了就是练停车技术，等你练完了，又加入抢房大军。反正每个周末肯定是爆满的，要是运气不好，就只能匆匆泡完打道回府，不要想着晚上在泡池里谈笑风生看月亮，听着蛐蛐青蛙，喝酒打牌聊天这种好事。

抢到了的，那就偷笑吧，虽然抢饭吃的时候也够你受的。还好在丫沙底出来的坡顶上有一家饭店，还算物美价廉，距离温泉也没多远。

夏天也不推荐去，特别是周末节假日，同样人多。别以为烈日当空就没人去泡温泉，照样客满。

要在丫沙底玩得最痛快，就要选个天凉偏冷的时候，不是周末的日子去，住一晚上。本来路上寒凉，但一到度假村大门，便感受到泉眼中九十度滚水带来的温暖空气，身上顿时舒服了许多。泡温泉的时候，感觉更是过瘾，外面气温冰凉，里面热得痛快，瞬间就全身放松，脑子一片空白，除了舒服之外什么都想不到了。

要不怎么日本人喜欢去泡雪地里的温泉呢，还不就是因为反差越大越舒服，外面越冷，池子里就越舒服，人都宁愿睡在里面不出来了。

要总结的话，在寒冷的冬天在丫沙底泡温泉，看着周边山上雾气澎湃，就像仙境一般。自己舒服得什么都懒得想了，这是一种完全靠本能潜意识在享受生活的体验，非常难得。

所以才会有专家建议，让他们改名叫中国丫沙底温泉峡谷风景区，以吸引更多人来感受这种独到体验。但对于个旧人来说，巴不得人少才好呢。

小贴士 *TIPS*

从个元公路出去十来公里，就可以看到一条岔路去丫沙底温泉，顺着走到底就是。

想要硬件好些的，去丫沙底瀑布温泉，标间价格 300 元往上（节假日有浮动），包间 800 元以上，有小庭院泡池及麻将桌等娱乐设施，相当私密，当然也很难订到。纯泡温泉 100 元以内可以搞定。如果需要特色鱼疗，20 元 / 人。晚上 10 点以后就泡不了啦，注意掌握时间。另外他家在城中的丽水金湾购物中心旁边有销售点，标牌很明显，可以去那里预订所有服务，20 元包接送。

讲究性价比的，泡最里面的黄果树温泉，一间房 100 元，或者 58 元纯泡，包中餐。

各家店只负责自己客人的用餐，不可以接待其他店的客户，而且都只在饭点营业，过了饭点就只有自己想办法了。

如果都不喜欢，那只能去文中提到的坡头那家饭店了，从温泉走路过去 10 分钟就到，这家店就可以随时去吃。

云锡工人疗养院——蓝色尼格温泉

如果从去贾沙的老路过去，你会看到云锡工人疗养院的路牌。如果从个元公路走，则会看到贾沙蓝色尼格温泉的导向。

不要被这些表象所迷惑，其实它们根本就是一个地方。

要说环境的话，似乎没有丫沙底那么亲近大自然，人工雕琢的痕迹太明显，毕竟是工人疗养院么，开始是专门给劳模们来疗养的地方。

但也因为这个原因，所以这里的温泉水质特别好。按照老工人的说法：疲惫的身心泡在含有多种矿物质元素的蓝色温泉中，能起到排毒、养颜、安神、祛风湿、调理消化功能的良好疗效，多泡上几次，曾经干裂的皮肤会自然愈合，也能变得湿润光滑，富有弹性。

怎么样，女性朋友们是不是有点小心动？

另外这里可以娱乐的项目比丫沙底要多，到了晚上烤羊、啤酒、跳舞什么的，谁还会关心原不原生态的问题啊。

这里还有一点好处，每个住宿的房间都引入温泉，在享受硫磺温泉快感的同时，完全保障私密性。如果彻底不想要人打扰，这里倒是比丫沙底更适合度假。

小贴士 *TIPS*

往南沙方向，过仙人洞隧道以后大概 20 公里，路的右边有一个路牌，到贾沙蓝色尼格温泉，转进去跟着路牌一直走就可以到，总路程 60 公里左右。

也可以到车站去，找去贾沙的车，然后再包车到蓝色尼格温泉，包车价格多问几个司机，货比三家。

一条龙消费，人均 150 元左右 / 天。

在路上迷路

绿水河旅游度假区

这地方太美，甚至你路过的时候，就会被吸引得迷失在路上。

濒危的苏铁

这地方在蛮耗，也就是那个百年前云南最繁华的港口，个旧大锡运到这里出海的地方，是一片4平方公里的热带雨林，在全球的热带雨林里面，算是小得不能再小的了。可是，到这里一探究竟的人，却是络绎不绝。

原因除了雨林的景色实在美妙之外，更重要的是这里生长着别处没有的植物，被世界《濒危野生动植物物种国际贸易公约》收录的全球最濒危植物之——红河苏铁。

因为这东西太独特，又好看又值钱，所以总是被人盗挖、非法收购和贩运。

这些人可恨之余，还相当没有文化，居然不知道红河苏铁一旦离开了绿水河这片土地和气候，成活率几乎为零。

就因为这些贪心的笨蛋，导致这一衍生了2.8亿年的活化石族群差点被灭门。

所以想要看这些跟恐龙一个时代的生物，得抓紧时间了。

梦幻雨林

当然除了看苏铁，这片迷你热带雨林的景色绝对是让人流连忘返的。

遮天蔽日的大树下面，各种灌木丛生，跟陡峭的悬崖上那些珍稀植物遥相呼

应。各种叫不上名字的鸟儿飞过泉水和瀑布，惊起五颜六色的蝴蝶。人声、鸟叫、水响，一时间在山谷里回响起来，呼吸之间，大口大口温暖、湿润又干净的空气钻进了肺里，让人舒服得笑个不停。

适合情人同去的瀑布

绿水河贯穿雨林，沿着陡峭的山坡一路向下，瀑布在空中分成两道，将阳光反射到彼此的身上，然后又最终融合为一体，抱着飞进了下面清澈见底的深潭。这就是小有名气的情人瀑布，据说情侣一起到这里来许愿，以后可以一起创造美好的未来。

亲子树的祈祷

往下游走，在河岸上可以看到一棵万年青树。繁茂之至的树叶在上，盘根错节的树根在下，紧紧抱住了土中的一块大石头，让它免受风吹日晒之苦。说起来，这可是一棵亲子树，值得带着孩子一起来，共同获得美好的祝愿，让他们如同树下的石头一般，能够安稳地生活于世间。

母亲的祝福

没多远又可以看见独树成林的奇景，一棵石缝里长出来的榕树，树根又小又弯。可是从它身上衍生出来的十多棵榕树，棵棵粗壮彪悍。这母亲当得实在是非常称职。听说母亲和孩子在这树下合影，有非常好的寓意，孩子以后会像这棵树一样，成为茁壮的栋梁。

神秘的地下发电厂

有些工业遗迹总是很容易让人产生各种科学幻想，绿水河雨林的外围那座神秘的地下发电厂，便是其中之一。

它的设计非常之复杂，层次多到让人迷路。整个厂房都隐藏在深深地山腹之中。

20世纪50年代修建它的时候，是为了备战、备荒。所以看着地面上那么小的一部分，禁不住就会去想象那山腹之中究竟藏了多少秘密。

不过现在这座发电厂已经可以进去参观了，喜欢玩神秘的朋友，千万不要犹豫啊。

香蕉节

每年五月份，蛮耗就会举办盛大的香蕉节。

内容很简单，一个是众多的香蕉种植达人聚在一起，各自拿出最得意的产品，评选谁才是香蕉大王。二是吃香蕉比赛，比赛的奖品你猜猜是什么？

这种节日实在是很冷门，所以连很多个旧本地人都不知道。

猎奇控的诸位，抓紧时间，当然错过了也没关系，我们还有另一个节日推荐给你，请接着往下看。

芒果节

芒果节在七月份，是蛮耗周边的小伙们最喜欢的节日之一。

这一天，附近所有的美丽少女，都要来竞争芒果小姐的头衔。

成为芒果小姐的少女，会得到证书、奖金和一串芒果项链。

猎奇控的诸位，请第二次抓紧时间。

锡都吃货日记

如果只来个旧一天，你要怎么打发自己的肚子？

为了不让你在一大堆的美食和小吃里纠结，现在就赠送你一条标准选择吧——早上甩米线，中午小肉串，晚上吃烧烤。

早上甩米线

首先说说甩米线这个事情。甩字应该不会是个旧的独特用法，在云南境内，这个字被广泛用作吃的同义字了，特别是跟米线相关联的时候。

对于外面的人来说，米线两个字一般都跟蒙自联系在一起。确实蒙自作为过桥米线的发源地，要说起米线的种种来，绝对是几天几夜都讲不完，写一本书也绰绰有余，但是这并不能促使个旧人成为蒙自米线的拥趸。除了过桥米线之外，还有很多早上能去甩的地方，这些地方对于个旧的米线爱好者来说，是坚决要维护的尊严之地。

锡都饭店

如果你非要到了个旧还吃过桥米线，也是有很多选择的。名气最大的就是锡都饭店。这里的过桥米线10元起价，吃的人不少。

别的我还能说什么呢？从汤到料，再到米线，似乎都跟蒙自的正宗货色一样。而蒙自的过桥米线已经被人形容过太多，所以除了好吃似乎也没什么可以讲的了。

其实这儿最好吃的是蒸饺，20元一笼，有15个，如果你是第一次吃，建议做好洗衣服的准备。

不过这些都是副业，这里的主业还是婚宴。

如果有机会去吃，那真的是很开心的事情，锡都饭店的婚宴，是可以当作打牙祭来吃的，口味相当不错。

小贴士 *TIPS*

锡都饭店，对于锡都的意义，就像翠湖宾馆对于昆明的意义。

绝大部分个旧人对这里充满了童年的回忆。第一次吃蒸饺，第一次吃过桥米线，第一次吃好吃的婚宴（很可能自己爸妈都是在这结的婚），都是在这里。它见证了锡都街的变迁，见证了一代代小孩的成长。所以很多时候，在这里吃的不是口感，而是回忆。当然，两者都同样美好。

八号洞老米线

老米线家的鸡肉过桥米线，也是很多食客捧场的。好玩的是每次不管生意怎么好怎么拥挤，你都至少能找到一个位置。但要找两个人坐在一块的，却不一定有，个旧人挑座位就是这么奇怪。

言归正传，说说这个鸡肉过桥米线，还是没别的，味道够正，鸡肉煮得恰到好处，有嚼头，所以不要推荐牙口不好的同学吃。就个人感受而言，非得吃到10次以后，才会想去尝试一下另一种口碑很好的干酱米线。

人均消费10元，除非加料。另外八卦一下老板的记忆力超好，你去过一次他都会记得你不放哪些配料。

饱了没？饱了送你个玩处，去旁边的明珠小区里面散散步。小区本身没什么特别，但是走到高一些的地方，就会发现一个小浪漫，个碧石铁路经过八号洞的那段铁轨，现在还好好地保存着呢。有时候有人贪图浪漫，都会开车上去，顺着寸轨的中间走，然后就会有似乎坐在小火车上的错觉。

团山国莲带皮小黄牛

从大屯起家，曾经有人去大屯，为了吃一碗总店的牛肉米线，足足等了两个小时。

后来团山国莲总算加盟到了个旧城里，吃起来牛汤的味道还是一样的香浓，也算是遂了不少牛肉米线爱好者的心愿。经常有人跟请客的那位讲：你加肉千万不要超过25块啊，不然我会生气的……

现在更是开到了昆明，让更多的人都有机会抬上一碗米线，就着一盘凉片，一大早就吃得不亦乐乎。不过既然到了个旧，去尝尝最原始一家的味道也是不错的选择。

在城里的店比较方便去的有两个，一个就在红河州第三人民医院（职工医院）旁边的巷子里。另一个在大桥头旁边的巷子里，到了那附近一问人，准知道。

人均消费10~15元。

无名氏

不过对于个旧的牛肉米线爱好者们来说，团山国莲始终是太大众化了一些，他们很喜欢选择到很多人不会去、外地人基本不知道的地方去吃。比如从新冠一直往个元公路方向走，两条路交汇之处的路边上，就有一家牛肉米线。据说味很正，口感很爽，香味很浓。但对于一般懒得走那么远的人来说，这家的牛肉米线就像鬼一样，谁都在说，可谁都没吃过。

人均消费10元。

毛驴肉米线

有喜欢吃牛肉的圈子，自然也就有喜欢吃别样东西的圈子，比如毛驴肉米线，正所谓天上龙肉，地下驴肉，所以这米线有点喧宾夺主的意思，总是让人吃了惦记着毛驴肉的味道，忘了米线配汤是怎生滋味。吃毛驴肉米线，最好找的一家便是丽水金湾里面的小棚子，并不是很拥挤，也绝不会放空，每天早上不管什么时候路过，总是有那么五六个人在棚子里优哉游哉地甩着米线，挑着驴肉，根本忘记了城市中心地带来来去去的人。

人均消费15~20元。

中午小肉串

火车站后门烧烤市场

中午去吃小肉串，第一选择当然就是个旧火车站后门的烧烤市场。个旧人只要说小肉串，就是特指那里。虽然别处也有卖，但确实口味不如这里。

小肉串是个旧的特色烧烤，可以选择猪肉或者牛肉串，小小的一串，胃口再小的女生，也可以轻松吃下几串去。

口味又分成麻辣和甜辣两种，喝啤酒的喜欢麻辣，女生喜欢甜辣的占大半。一口一串，嘴再小起码也是两口一串，不要太秀气，太秀气了吃不出香味来。

周边围绕的商铺，配套相当完善，小卷粉、酸浆粑粑、缩粉、各种米线、各种饮料应有尽有，都是为了配合小肉串的美感应运而生。

只有中午和下午营业，人均消费20元。

跟火车站后门小肉串分庭抗礼的地方——红炮台

没有金刚钻，不揽瓷器活。之所以红炮台的美食街每天中午还能抢到这么多生意，完全得益于两点。

一是这一片的凉面、凉卷粉绝对给力。

二是这里的青椒烤肉，不吃不知道，吃了你就一直惦记着吧。

人均消费20~40元。

分庭抗礼之云锡新村美食街

分庭抗礼的意思就是，除了特色之外，很多东西味道都差不多。

而这里凭什么出彩呢？三点而已。

第一，这里的小锅米线真的很赞，特别是一进去左边的第一家店。

第二，这里的性价比，比那小锅米线还要赞……

第三，这里的木瓜水其实也是最好喝的。

人均消费15元。

晚上吃烧烤

个旧人到底有多喜欢吃烧烤？就这个问题，我们询问了不少个旧当地的烧烤爱好者。

“朋友聚在一起心情好，当然要吃烧烤啦，小酒烧豆腐整起，这种么感情才好呢。”

“心情好么当然约两个朋友打麻将了，心情不好才去吃烧烤呢，多点两个肉，到时候嘴巴都塞满了，好吃又舍不得吐掉，吃撑了正好去走两圈，哪个还记得刚才心情好不好啊。”

“烧烤么要白天吃，白天吃吃，晚上喝茶，不伤身体，而且白天开门的地方多，好吃的东西也多。”

“烧烤哪个兴白天吃？白天么甩米线，烧烤就是要晚上宵夜的时候吃。边吃边吹，喝到晚上一两点么，回家拉直了好睡觉，梦都不做一个到天亮。”

“烧烤么两个人吃就得了，最多不超过三个，好讲话，还不用抢，不浪费，大家都能吃饱。”

“烧烤是烧烤，又不是吃饭，要吃多饱啊？吃不饱么多点一些就是了。玩呢就是要人多，人多吃起来才香，增进感情的效率才高。两三个人，冷冷清清，成何体统。”

……

好吧，个旧人在这方面历来统一不了意见，唯一能统一的，就是大家确实都非常喜爱吃烧烤。

我们还是求同存异，好吃就行，这回给诸位推荐的，还是本地人喜欢去吃的地方。

蒋三烧烤

名头在个旧相当响。

好多人说味道太好了，是典型的个旧烧烤。其实我们不理解典型的个旧烧烤是什么意思，是说肉香量足吗，如果是的话，那只能承认，确实对了。

这家最有特色的清汤鸡腰子、鳝鱼米线、干巴、石屏豆腐、竹虫……都很不错。重要的是老板很和气，这是十多年的老店，已经成为个旧的一张名片，只要打的说大桥的蒋三烧烤，没有师傅不认识的。

人均消费20~40元。

油燃米线

同样打的时只要提名字司机就知道的，还有通宝门的小胡子家，或者直接说油燃米线也可以。他家的油燃米线、拌鸡胗、烤牛肉，堪称三绝。根据小胡子自己的说法，是要去掉鸡胗，加上卤鸡脚。但是我们同去吃的人坚决不同意，给他支招说不然你就改四绝好了。当然，最绝的是他这店连招牌都没有。

每天晚上简陋的小店内外人满为患，到处散发着油燃香和烧烤肉香。以残疾人为主的服务员默默忙碌着，为众人送上美食。为了支持老板为残疾人解决就业的善心，我们往往多点两个鸡胗。

人均消费15~20元。

豆腐西施

顾名思义，老板娘是长得很漂亮的。有些用心险恶的家伙，根本不是去吃烧烤，就是去盯着老板娘看的。

当然老板娘已经不年轻了，对于情窦初开的少年并没有什么吸引力。但他们还是会去，因为那里的包浆豆腐确实好吃。入口有粗糙的豆腐皮香味，一咬开就化了。

她家做的清汤米线也不错，就是喜欢擅自放香菜，对香菜深恶痛绝的同学，一定要记得提前阻止。

一边吃着包浆豆腐，一边甩着清汤米线，顺便听风韵犹存的老板娘吐槽老板，人生一大享受。

整个七层楼，最小的烧烤店，她家应该可以排前面，但是要讲最出名的，她家还是排前面。

人均消费15~20元。

鑫犇烤猪脚

有人对鑫犇烤猪脚着了迷，迷到去吃的次数太多，女朋友直接到店里去抓住一顿臭骂，说他经常偷家里钱出来吃烤猪脚，好不要脸。

但是被臭骂的伙子一脸淡定，硬是脸不红心不跳，非常淡定地吃完了点的两只猪脚才走。好像面对又香又糯的猪脚，半途而废是一种罪过。

觉得这人有点执着，可是转念一想，如果换成我，同样是要吃完才舍得走的，哪忙得管旁边风吹雨打？

小贴士 *TIPS*

烤猪脚 15 元一个，另外强力推荐番茄酸菜肉米线和鳝鱼米线，建议晚八点以后去，可以坐得稍微宽一些。

鸡翅尖

有名的店大多都喜欢玩性格，鸡翅尖就是这样，这里虽然店面不小，服务员也不少，但烤的东西就是除了鸡翅尖什么都不卖。

凭什么跟客人玩性格呢？

首先，他家的鸡翅尖，确实是个旧最好吃的。

其次，他家的鸡翅尖，确实是全个旧消耗量最大的。

第三，他家的鸡翅尖，有些粉丝一人可以吃掉70只以上。

小贴士 *TIPS*

每只 7 毛钱，吃 100 只，也比不上一个哈根达斯贵。地址在云锡运输队，下车一问，人人都知道。

等着烤羊玩一天——合田民俗村

这里最大的好处就是大。

大到随便划一块出来，就可以举办草地婚礼。

再随便划一块出来，就可以过火把节和泼水节。个旧人过这两个节的大本营就在这儿。

所谓民俗村，当然是各种民族的特色都有。哈尼族磨菇房、彝家山寨、傣家竹楼，喜欢的话可以逛个够，不过对锡都人来说，这些东西都是见怪不怪了，民俗文化嘛，从小看到大了，想要提起兴趣，还要更原生态才行。所以很多个旧人冲着游泳馆和网球场就去了，不然就找包间打牌去，混上一整天，没人找得到你。

再不然就小孩打秋千，大人去钓鱼。这里的鱼池风平浪静环境好，钓鱼协会经常会组织各路高手在这里PK。

什么图腾柱、石雕这些，都有很多民俗的说法，有时候还办办太阳节什么的。但基本个旧人都不知道，说起合田民俗村，大部分人的说词基本都是：好地方啊！走，约几个人干烤全羊去！

在个旧，民俗无处不在，它已经深深融入人们的生活中，具体说的话，民俗就是玩，玩就是民俗。造出来的不是乐趣，里面过火把节的时候才是乐趣，再漂亮的也不是好玩，里面办泼水节的时候才叫好玩。

合田民俗村，实际在个旧人已经变成了非常不错的合田休闲村了。

小贴士 *TIPS*

个旧和乍甸的中间，走老路，坐车 15 分钟就到，是个旧郊区旅游项目中最近的一个旅游景点，而且不收门票。

凑够了人来这里吃烤全猪或者烤全羊，众多的娱乐项目支撑，又是一个可以耗上一整天的地方。

烤全猪有 680 元和 1280 元两个档次，区别在于大小，680 元的供 10 人享用绰绰有余。烤全羊有 1280 元和 1680 元两个档次，1280 元的档次 10~15 人都不太可能吃得完。烤羊和烤猪需要提前预定。

如果点了不够吃，可以临时加上烤鸡，68 元 / 只。

一人一只扶墙走——斗姆阁卤鸡

上过央视《大嘴吃四方》，老外来了一般都会去，去了一般都吃到走不动路，一般走的时候还要死乞白赖地跟老板讨一瓶卤汤回去下面条吃。

怎么样？这几条理由，够不够让你下定决心跑这60多里路到卡房镇去？

要说为什么这鸡如此好吃，那是因为玩得实在太讲究了，讲究到你都不忍心花那么多时间去做一只卤鸡，讲究到不好吃都说不过去。

所选用的鸡必须是当地在户外放养的本地小公鸡，宰杀的时候伤口必须比一般的小，以保持鸡肉洁白。

早些年的时候，鸡都是自己去抓的，不时就能看见几个老外追着地里放养的小公鸡弄得鸡飞狗跳。也许是万里迢迢过来非要吃够本的缘故，中国人去了一人半只鸡一般就差不多，老外们却总是独自吃完一整只，还露出意犹未尽的样子，再打包一只。

那神秘的卤药配方中，有40多味中草药，20多种香料。

烹制时，将60余味配料丢进大锅，一次搞50公斤清水、5公斤食油和一些陈年

老汤和猪板油，然后放入剖杀后的整鸡，制作过程中相继用大火、中火、小火各烹煮1个小时25分钟。之后再微火慢慢煨制，微火时间越长越入味，一包药可卤200只鸡。煮的时候，外人根本不准进去，怕被商业间谍偷师。

众人只能在店里乖乖等着出锅，不过当看到那老南瓜色泽，鸡体干爽、舒松而不散，热食鲜甜，冷食香嫩的卤鸡，一切等待都是值得的。

不仅味觉悠长，且具健脾益胃、温阳滋阴之药效，那香味让人嗅到了就想咽口水。吃之前，店主人要给每位客人配上陈年老汤，蒜汁、芝麻、香菜、葱花、味精、辣椒、精盐等调料随便选择。在这些调料中，最稀罕的就数那陈年老汤，1886年装入不断舀旧添新沿用至今，其次就是当地野生的小米辣。

虽然好吃，但终归光吃肉还是单调了点，要是配上那里的小米辣蘸水蘸凉卷粉、老南瓜、原生苦菜汤什么的，人生就完美了。

什么？你想自己学会去做？算了吧，那根本就是不可能的。斗姆阁卤鸡原来本就是当地人祭祀的时候才能吃到的好东西，那配汤的方子根本不外传。是后来一个猛人过来安家在斗姆阁，卧底了几十年才把苗家的方子搞到手，开始做卤鸡店。后来传承的人走遍天下吃遍了卤鸡，博采众长才弄成现在的样子，坊间的说法是，斗姆阁卤鸡不出村。

我怕你没有那么好的耐心去卧底，还是跟大家一样，忍受下爬山坡，绕山谷，跑碎石路的颠簸，一人一只吃到扶着墙走，算是够本吧。

小贴士 *TIPS*

斗姆阁卤鸡是个旧市卡房镇的特色名优食品，2003 年被云南省烹饪协会评为“云南名小吃”，在红河州没人不知道。

正宗的夏氏斗姆阁卤鸡店，离个旧市区 30 多公里，但 100 多平方米的餐厅和露天小院根本不够坐，运气不好去了就得吃流水席。来的人哪里的都有，果然吃货的世界是没有边界的。

夏氏斗姆阁卤鸡平时一天可卖 50~60 只鸡，逢年过节时每天可卖到 100 多只。每只价格为 60~100 元不等，看你的造化，所以去吃喝之前不如先到宝华寺上炷香。

另外，吃饱了还可以出来散会儿步。斗姆阁本身就有古驿道，可以去看看，感受下历史的气息，附近的龙树脚也有。还有卡房的将军墓也是个旧有名的古迹，得闲就抽空去看看吧。

时不时就会馋一下的味道——孙大爹家的水泡梨和泡橄榄

个旧的水泡梨是很出名的，就算到了昆明，随便问一个人，你吃过水泡梨吗，吃过哪里的？那么回答九成会是说个旧。

而到了个旧，你问哪家的水泡梨好吃，那大部分人会直接跟你说到大桥去找孙大爹家。

孙大爹家的水泡梨，吃了好多年了，什么味道似乎也没好好总结过。有点酸，有点甜，混在一起，藏在水灵灵的表皮下，也说不出是哪一种更取悦你。

一口下去，脆脆地开了，汁液滑进喉咙里，那股熟悉的酸甜混杂的香味，就会跟着凉爽的气息直冲脑门，让人神清气爽。

然后就啃得停不下来，小孩子吃这梨，往往连梨核都要咀嚼个干净，让自己多爽一会。吃完了好好让气息在唇齿和鼻子里回荡一阵，忍不住又要伸手拿第二个。如果没有了，那喝口泡梨的汤也是极好的，反正很少能见剩下什么就是了。

如果不想吃水泡梨，那试试泡橄榄也不错。嚼进去先酸后回甜，发自肺腑的那种甜，让人相当舒服。精神不好的时候来一粒，一下人都愉悦起来。同样，泡橄榄的汤也是不可错过的好东西，经常有人直接买汤喝的呢。

这两样好东西的特性，都是不会每天吃，但时不时就会馋起来。

小贴士 *TIPS*

水泡梨根据包装的大小，价格为 20~40 元不等。如果只是尝尝味，可以称散装的吃。地址就在大桥路口，中山路和江川巷交汇处。

两百米的浪漫生活——新街夜市

从新街口到菜市街的这一段，只有短短两百米，但是到了晚上，但凡天气好的时候，都是个旧人口密度最高的地方之一。为什么能够吸引那么多人？说穿了就是吸引人最基本的欲望——吃的、穿的、用的。

这里的衣服小饰品什么的，挺有特色，每天成交量不少。当然也有些小伙是专门来观摩卖东西的美女的。

而很多人最喜欢流连的，还是新街口那二三十米的一段路，一到夜幕低垂华灯初上的时候，三三两两的小吃摊就摆起来了。

不用担心小吃摊的卫生问题，这里经常都检查，要是卫生上出问题，会狠罚，积累上三次的，就永远别想摆了。很多摊主都靠着这夜市维生，肯定不愿意砸了自己的牌子。

从烧烤到炒面、米线、涮菜、油炸、烧豆腐……整个一微缩的个旧小吃美食集中营，所有人挤坐在大街，大快朵颐各种好吃的。

多的不说，减肥中的美女最好不要去，我看过太多自废武功的案例了。

小贴士 *TIPS*

晚上7:30左右开市，热闹非凡。白天的新街菜市场，晚上的新街夜市，都是个旧人口密度最高的区域。如果喜欢热闹，喜欢跟个旧人泡在一块，喜欢听他们时不时就蹦出来的俏皮话，那千万要去转转了。

震撼的小麦加

过了鸡街的十字路口，往前几百米，就可以岔进穆斯林大道。顺着路牌找过去，不一会，一座巨大的清真寺就会出现在你面前。

当人们看到如此雄伟的清真寺时，立时就会明白为什么有人把这里称为小麦加。

和谐、有序、包容——沙甸大清真寺

很多人都过来朝拜，包括宁夏、青海、新疆的穆斯林，而海外的很多穆斯林，也会从马来西亚等地方，专程来这里考察。

过来考察的人，基本上都对这里的宗教氛围赞不绝口。

和谐、有序、包容，这是让他们最感慨的地方。

每天都有很多人会过去参观、留影。

负责管理的穆斯林们都很和善，会询问你是否是穆斯林，如果是，就会主动问你的行程，给你相关的建议。如果不是，则会有人出来介绍关于伊斯兰教的相关知识，并讲解大清真寺的一些细节。

于是不少曾经带有偏见的人被震撼了，原来这才是真正的穆斯林么？

能容纳万人做礼拜的大清真寺固然雄伟，但真正能震撼人的，还是建筑之外的东西。在这一点上，沙甸算是做得很好了。

牛菜的诱惑——锡都清真美食攻略

因为沙甸回族乡的存在，个旧的清真美食得以闻名天下。以至于个旧人到外地去吃清真，往往发出这样的感慨——还是没有沙甸的正宗啊。下面就说说个旧的清真美食。

亚飞餐厅

亚飞最多人体验过的是早点，而且这里早点的吃法比较讲究。

不要急着倒米线进去，也不要急着放太多调料，先喝汤才对得起自己的舌头。

至于肉，基本都是吃红烧和凉片混搭的，口感比较丰富，会吃的人都这么选。

到了饭点可以点菜，但推荐的是他家的牛汤锅，有嚼头，口感相当好，肉也香。

坐在临湖的窗边，吃着牛汤锅，闻着弥漫的香气，聊着天，时间过得飞快。所以和朋友约吃饭，又觉得无聊的时候，这里是值得推荐的地方。

小贴士 *TIPS*

人气最旺的两个店，一个在火车站后门出来，到金湖边就可以看到。另一个在明珠小区菜市场后门。米线一般吃 10 元的，吃饭人均消费在 40~50 元。

众口不难调——伊品斋

算是个旧城里比较高档的清真餐厅，味道很不错，特点就是，随便怎么点，味道也是好吃的。

另外闹中取静的环境也不错，虽然比邻新街菜市场，但并没有被外面的噪音所干扰。

很多几十人的聚会，都喜欢安排在这里。因为众口难调，而伊品斋自有它的办法来调。

小贴士 *TIPS*

位于新街菜市场街口，往老州委党校方向走十米。

人均消费 50 元。

又是一家上央视的，油淋鸭错过后悔死——莲花缘餐厅

他家很奇特，专门盖一大间餐厅在路边上，但只卖早点和各种清真土特产。想吃饭，请从旁边的小路过去，往里面再走一公里，左边一栋带大院子的房子就是。

上次央视《大嘴吃四方》的人去完斗姆阁，下一站就是莲花缘。

别的菜式都跟大多数清真饭店差不多，除了油淋鸭。他家的油淋鸭堪称一绝，央视的人也是专门冲着这个来的。

做法看起来似乎不难，就是用滚油一直浇一直浇，浇到外面脆里面滑，外面香里面嫩就可以了。但我坚决不相信自己在家能做出这个味道来。

不管多忙，路过还是停一下——沙甸回味餐厅

路过沙甸，不管怎么忙碌，都最好还是停一下，到回味餐厅吃顿饭，不然对自己的肚子没法交代。

那条路上的环境，那真是差得没话说，车多路挤灰尘大。要是不熟的人，谁能想到路边会有一家那么多人推崇的清真馆子？

其他没什么好体验的，停好车进去唯一的主题就是吃，推荐鹅肝、干巴、凉片。汤一般不需要点，他家的清汤味道相当好。

也卖早点，但限量供应，规定碗数，卖到那个数没得吃了。但不少家伙还是乐此不疲地爬起来去赶早场。

很多人对他们最大的意见就是，不可以直接打包带走吃。对此我表示强烈的抗议，为何非要逼我过慢生活？难道我不可以选择活得累一点吗？

可他们就是不准，满心不喜之下，人们终于做出取舍，还是坐下来吃吧，往往还多吃两个菜作为补偿。

小贴士 *TIPS*

名气很大，停车很方便，人均消费 40~50 元。

叁

THREE

飞翔的锡都

国家的兴旺，得靠实业。

对个旧来说，最大的实业，当然就是云锡。

百年云锡矿业，造就了现在的个旧。而个旧的成长史里，大部分是云锡的成长史。

云锡的风范，代表着个旧的气质。

个旧的气质，培养着云锡的风范。

云锡带着个旧，翱翔在时代的天空中，以前是，现在是，将来也依然是。

个旧的云锡风范，会有那么一天，变成世界的云锡风范。

让我们拭目以待。

实业兴邦，云锡风范

现在的云锡集团公司——

130多年历史。

国有特大型有色金属联合企业。

国家520户重点企业，世界锡业企业排名第一。

实现了对8家国有矿山企业的大整合。

实现了对15户民营矿山企业的大整合。

结束了云锡无证开采的历史。

云锡人统一规划、科学开采个旧锡矿资源，成为现实。

改革发展的经验，被中国矿业界称为“个旧模式”，成为中国矿业的示范性成功经验。

走出红河州，整合了滇西梁河与腾冲的锡业。

整合了文山的锡业。

控制了湖南锡资源最集中的矿区。

整合广西大锡资源。

在印尼和新加坡投资建设了锡矿山、选矿厂和锡冶炼厂。

消灭了大批无证开采、乱挖滥采、破坏资源、污染环境的企业。

锡产量逐年攀升。

销售逐年攀升。

利税逐年攀升。

总资产创造历史最高水平。

根本性地扭转了矿区的社会治安。

扩大了地质找矿空间，保障了可持续性发展所需的资源。

大幅度提高了矿产资源保护和资源的开发利用。

引进澳大利亚澳斯麦特高新技术强化熔炼炉，使得环保与矿业齐飞成为可能。

与美国CSC公司合作成立了“云南锡业锡化学晶公司”。

与台商合资成立了“云南锡业微子材料有限公司”。

成为全国最大的锡生产、出口基地，全国最大的锡材加工中心、全国最大的锡化工加工中心。

建成了全国最大的砷化工中心。

近年取得了300多项科研成果。

投资控股了云锡集团元江镍业有限公司。

控股了生产高新技术产晶（新型二次球钴酸锂）的个旧圣比和实业有限公司。

投资控股了北京永新同方信息工程公司。

投资控股、参股云大滇池学院、云锡房地产开发公司、红河钢铁厂等项目。

……

未来的云锡会怎么样？

奇迹延续了数千年，等未来的云锡人倾情续写。

滇地工业摇篮曲

云锡是云南现代工业文明的摇篮，没有云锡，云南不知要到什么时候才能抓住现代工业革命的尾巴。

那时候，孙先生还没有让清政府衙门关门歇业，法国人一点也不浪漫，从1902年开始来云南办公司强夺资源。还好他们没有像英国人那么直接，拿着枪就冲到院子里来见什么拿什么。他们力气没有英国那么大，于是就安装了滇越铁路这根大吸血管，慢慢捞好处。

那时云南省有60%的对外贸易是属于法国的，他们用各种威逼利诱的手段，从实体到金融，控制了一部分的个旧锡矿。云南省边疆领土不断易色，门户洞开，危机四伏，民族危机加重，爱国志士惊呼“滇亡即国亡！”“救云南即救中国！”“我们需要一个救世主！”当然，最后一句他们并没有说出来，但不用怀疑，他们肯定是这么想的。救世主是谁？一个人不可能做到，所以云锡呼之欲出。

经济环境与国际环境的急剧变化，使个旧一下子就变成了掠夺与反掠夺的前沿阵地，同样十分尖锐的阶级矛盾让位于民族矛盾。官、商、民坐在了一起，共同抵抗列强的入侵和掠夺。1905年组建的个旧厂锡务股份有限公司，就是抵制英法掠夺锡资源的产物，后来建设个碧石铁路，更是意在把英法拒之门外。20世纪40年代末，云锡曾对美国人掠夺大锡的行为做了针锋相对的斗争，云锡人、个旧人在民族尊严、民族利益遭到严重损害时，表现出来的强烈的民族意识，是锡文化最为亮丽的色彩和本质特征之一。一百多年来，云锡和个旧发生了翻天覆地的变化，但这种民族意识没有改变，它已深深地融入云锡人、个旧人的血脉里。今天，云锡人提出“产业报国，以振兴民族锡工业为己任”的经营宗旨，是对传统民族意识的传承和发扬光大。

英法等列强入侵，激起有识之士学习先进科学技术的强烈愿望，为锡文化注入了崇尚科技、科技兴企的新内涵。于是一批官员、学人、企业家纷纷选择了科技兴企、科技救国之路。1909年，个旧厂锡务股份有限公司就开始从德国引进专家和设备，这应该是云锡乃至整个个旧锡业进入现代化工业文明的元年。以陈鹤亭、缪云台、吕冕南、熊秉信、倪桐材、李梦庚诸公为代表的一代锡业精英，有的是留学西洋的博士，有的是学成于国内最高学府的专家，有的是晚清末科进士，在经营、技术的不同领域分别为云锡的开山人物，也是当时锡工业的世界级人物。他们引进西方的先进锡业科学技术和经营管理思想，秉持科学和人文两面旗帜，在国事日颓的艰难境况中，推动着云南现代工业的发展，创造了一个又一个的奇迹，使云锡科技走在了世界的前端。不仅造就了云锡的辉煌，打造出一个世界闻名的锡都，并进一步推动了云锡文化的发展，形成了云锡文化的特质，构成了云锡文化包容、开放、融合、博大的胸怀。

先锋的升级之路

很多人会把云南跟风景如画、山峦叠嶂、震撼之美、原始气息、民族风情、热带水果、旅游胜地、动植物王国等等词汇联系在一起，如果没有云锡，不清楚谁会知道云南在发展上也是一把好手？

云锡，正是云南改革开放的先锋，科技、工业进步的前沿。那是啊，既然当年有过当“救世主”的前科，那么现在为了锡都、红河、云南的发展，它又怎么能不担负起这个责任，当这个了不起又很艰难的先锋官？

云锡前进的步伐，一直都位于云南的前列。当改革开放的春风吹过云南，人们还未完全苏醒时，云锡已经开始按照优质现代化企业的标准要求自己了。

云锡自1979年组织开展“TQC”群众性的质量活动以来连续30年召开公司质量（QC）小组成果发表会，共完成成果4000多项，多次荣获全国QC小组活动先进企业荣誉。于1996年开始宣贯ISO9000质量保证体系，体系覆盖产品范围由认证时的4个锡、铅产品，增加到了11个锡、铅系列、锡化工系列产品，到2006年产品范围已扩展到19个，多次荣获“云南名牌30强企业”及“质量效益型先进企业”荣誉。这些，不仅仅代表着云锡作为云南改革开放先锋的地位，也是它成为世界第一的基石。

在打造世界一流跨国大锡业集团的过程中，云南锡业更深入开掘锡文化资源，以文化力带动生产力，增强城市魅力，把产生在一定地域、一定人群中带有亚文化性质的锡文化推向全中国和全世界，使之成为更广阔地域、更大人群认同的文化，产生更大的经济效益和社会效益。

置身于云南锡博物馆，云锡具有自主知识产权的一项项科研成果、一个个国内外领先的专利发明会让你目不暇接、流连忘返，会让你因为是云锡人而骄傲，会让你因处于这个时代而自豪。

一个多世纪以来，云锡为我国，乃至世界锡工业的发展做出了不可磨灭的卓越贡献。

创造第一台重力选矿设备——中国漆面摇床专利技术的，是云锡人。该技术是云锡自行研制的重力选矿设备，是锡、钨、铬、铋、钛、锰等有色金属和黑色金属广泛应用的重力选矿设备。其选别效率高，富矿比达200倍以上，精矿回收率高，尾矿损失率低。这项获得国家专利的产品在国内20个省（区、市）广泛应用，出口越南、巴西、韩国、日本等7个国家。英国查特考察组切斯顿博士参观后，称赞云锡生产的中国漆面摇床“是世界第一流的摇床”。

研制出世界上第一台电热连续机械结晶机的，是云锡人。该设备具有连续作业、高效低耗，不外加熔剂，处理物料适应性强，占地面积小，操作简便，除铅、铋效率高等优点，在国内外炼锡厂中广泛采用，并出口马来西亚、玻利维亚、巴西、秘鲁、英国等炼锡厂。它是我国锡冶金工业的独特创造，被誉为“20世纪锡冶金工业最伟大发明之一”。

发明创造世界上第一座贫锡中矿回转窑高温氯化挥发提取锡工艺，使我国锡氯化冶金走在世界前列的，是云锡人。该工艺于20世纪80年代开发成功，主要用于处理低锡高铁且含有多种有价金属的难选锡中矿的一种氯化冶金工艺。这一具有国际先进水平的工艺属国内首创，且走在世界前列，是锡冶金技术上的又一个突破。

世界上首先研究利用离心流膜选矿原理成功研制矿泥重选新型设备——选矿设备离心选矿机的，是云锡人。1957年，云锡中心试验所工程师的李季，提出应用离心力强化重选原理，研制矿泥重选新型设备。1965年研制成功，是世界上首先研究利用离心流膜选矿原理获得成功的具有重大意义的选矿设备，并在有色、黑色和稀有金属选厂广

泛应用。

针对个旧地区以锡为主的锡矿石多金属硫化矿床实际，云锡研制成功了锡矿泥重—浮—重联合工艺，可综合回收伴生于其中的锡、铜、钨、硫、锌、铋等金属，在国内乃至世界同行业处于领先水平。

云锡创造性地引进由澳大利亚澳斯麦特公司开发的当前世界最先进的顶吹沉没喷枪熔炼技术，建成并取代原来反射炉的澳斯麦特炉，形成了现在的澳斯麦特还原熔炼—电热连续结晶机和真空炉粗锡精炼—烟化炉炼渣的具有云锡特色、高效、节能的先进锡冶炼工艺。

专家评价："云锡的锡冶炼整体水平傲居世界领先地位，代表了当今世界锡冶炼技术的最高水平，为世界锡冶炼技术进步做出了重大贡献。"

云南锡博物馆运用新技术、新材料和声、光、电等现代科技手段制作的一个个云锡科研成果微缩自动化模型，生动、形象地展示了云锡人继往开来，敢为人先，勇攀高峰的自主创新、勇于进取精神和智慧之光。

被牵挂的命脉

有人说这有点夸张吧？我理解你们谁不说俺家乡好的情怀，但是这么吹不怕牛皮捅破天啊？

在这里我们要很严肃地说，绝对不是吹牛皮，历届领导人对于锡都的关心，对于云锡的牵挂，那是远远超出人们想象的。如果不是面对一条共和国至关重要的大动脉，牵一发而动全身，日理万机的他们会在一个企业身上如此殚精竭虑吗？

百年云锡，曾几何时可以说是共和国的命脉，也正因为云锡如此的地位，也使它一直得到共和国领导人的重视、关怀和牵挂。

中华人民共和国成立之初，百废待兴，共和国领导人致力于把一个满目疮痍、一穷二白的旧中国建设成为繁荣昌盛、自立于世界民族之林的新中国。当时国家急需大量物资、资金发展经济，特别是有色金属的出口在换取外汇，支援国家建设上发挥着极其重要的作用，在这方面，云锡的产品承担了举足轻重的作用。1950年5月1日，时任政务院副总理的邓小平亲拟文电，致云南省委书记、省军政委员会副主席宋任穷："云南保障对外贸易四千吨锡一事，有关国家信誉，中央非常关怀，请你亲自掌握用全力保障此任务之实现，并随将情况向中财委及此间作报告。"其实，在人民解放军四兵团尚未南下解放云南之前，周恩来即委托陈云，专门找四兵团政委宋任穷谈话，要求四兵团解放云南后，迅速恢复个旧锡业生产，国家将用有色金属去香港市场换取大批生活物资，以解当时上海、天津等大城市之急……

1962年，正当云锡与全国一道学习贯彻中央七千人大会精神总结"大跃进"经验教训时，中共中央副主席、全国人大常委会委员长朱德来到个旧视察云锡。6月10日上午，76岁高龄的朱委员长亲自到了由我国自行设计建设并于1958年建成投产的6000吨/日云锡新冠采选厂。他神采奕奕，亲自来到初具规模的露天采矿场，迈进宽敞明亮的选矿车间，了解采矿工作面和选矿工艺流程，关切地向干部职工询问了生产生活情况。在大凹塘采矿工作场，朱委员长亲眼目睹了工人用高压水枪冲采砂锡矿，矿浆如蛟龙翻滚奔腾的壮观场面，不禁使他感慨道："现代采砂锡矿，就是先进啊！"紧接着，朱委员长又来到1954年由我国自行设计建设并不断完善的年产锡能力达2万多吨的云锡冶炼厂视察，他不仅向干部职工了解了锡生产情况，还了解了职工的伙食待遇，甚至连冶炼工每天洗澡的问题都关心到。朱委员长视察了冶炼厂粗炼车间和精炼车间，感叹道："个旧是世界著名的锡都，今天看了你们选矿和炼锡全过程后，真是名不虚传啊！特别是看到工人们不辞辛苦，生产出堆成山的一块块亮晶晶的大锡，我很高兴。这几年来，你们为国家创造了巨大财富，支援了国家建设，希望你们再接再厉鼓足干劲，为国家做出更大贡献！"朱老总欣然提笔，为云锡写下了"以锡为主，综合利用，重质重量，经济核算"十六个遒劲酣畅的大字。朱老总还赋诗一首："锡都跨个旧，采炼与前殊，改为机械化，利用计锱铢。"

朱委员长的到来，无疑给当时正在全力为恢复国家经济做努力的云锡人带来了极大的喜悦和巨大的鼓舞，特别是他老人家的十六字题词为当时在发展中经受了太多挫折，在困惑中苦苦思索的云锡人理清了思路、阐明了发展方向、加快了调整步伐。

1982年4月20~22日，中共中央政治局委员、国务院副总理方毅主持国家科委、冶金部、国家有色金属工业总局在云锡召开“第一次全国锡业科技会议”，方毅检查云锡工作，并为云锡题词“振兴锡业”，为云锡三冶炼厂题词“攻关”，确定了新时期云锡改革发展的方向。根据这次会议的精神和遵循方副总理的指示，云锡坚持振兴锡业、科技先行，把工作重点放在大力加强地质工作、采矿技术研究特别是脉矿开采技术研究、提高金属总回收率、改革产品结构等方面，取得了不少成果，促进了发展。

进入20世纪90年代，云锡承受了由计划经济向市场经济转轨的脱胎换骨的阵痛，连年亏损，濒临破产……面对着重重困难，就在这段艰难的岁月里，共和国领导人仍然没有忘记云锡，先后有多位领导人莅临云锡，给予云锡广大干部职工极大的关怀、鼓励，为云锡人增添了战胜困难的信心和勇气。

1990年，云锡生产经营情况开始出现不景气，大家心里像压着一块石头，沉沉的。第二年春节前夕（2月7日），中共中央政治局常委、全国人大常务委员会委员长乔石在百忙中来到云锡视察，乔委员长说：“来云锡是第一次，但早就知道云锡是个很老的企业。应该肯定在历史上，特别是在建国以后，云锡公司在发展锡业和其他有色金属方面，为国家做出了贡献。”乔委员长特别强调：“借这个机会向云锡公司领导班子，向全体职工和家属拜一个早年。”一席推心置腹的话语，温暖和感动了大家的心，驱散了大家心里的阴霾，说得云锡广大干部职工家属心里暖洋洋的。

1994年，云锡经历了连续3年（1991年、1992年、1993年）的亏损，广大干部职工心情更加沉重。1月17日，国务委员、国务院秘书长罗干一行到云锡公司一冶炼厂视察工作。罗干说：“你们这个企业，是个很有名的企业。”“云锡公司很有希望，相信你们会干得更好。”同年8月10日，全国人大常务委员会副委员长李锡铭到云锡公司视察，为云锡题词：“弘扬云锡精神，实现二次创业。”这些饱含真情、亲切感人的话语，无疑使正处在低谷时期的云锡广大干部职工看到了前途、看到了光明，提高了战胜困难的信心和勇气。

1995年4月5~7日，著名科学家、全国政协副主席钱伟长到云锡视察和指导工作，先后深入云锡一冶炼厂、研究所试验基地、马拉格矿大凹塘、大屯选矿厂、第三冶炼厂，深入车间、工地，现场了解生产、技术情况与效益情况，与科技人员和基层从事技术工作的人员座谈，强调科学技术是第一生产力的观念，科技对企业发展的重要性。钱老语重心长地说：“矿产资源是一个有限的资源，是我们赖以生存的基础，要实行保护性开采，科学开采。”钱老为云锡题词：“艰苦奋斗，不断创业。”钱老求真务实的作风、科学严谨的风范，为云锡广大干部职工树立了榜样，钱老科学发展的理念为云锡在后来的发展中大力实施资源战略指明了方向。

2004年11月25日，全国人大常务委员会副委员长成思危一行到云锡集团公司视察，成副委员长视察了云锡股份冶化分公司、澳斯麦特炉生产线，在听了云锡基本情况和深化改革、加快发展的情况汇报后，还详细询问了云锡采、选、冶及销售情况，职工文化生活等情况。成副委员长深情地说：“企业发展是硬道理，以人为本很重要。百年云锡通过深化改革，打造了发展平台，希望云锡进一步深化改革，优化生产成本交易成本，在挖掘潜力上下功夫。要加强地质勘察工作，为企业发展奠定坚实的基础。要教育职工关心企业的生产和发展，广泛开展形式多样的活动，不断提高职工队伍素质。”成副委员长的这番话，对高速发展的云锡实现又好又快和谐发展提出了新要求。

2006年8月12日，在昆明召开的全国整顿和规范矿产资源开发秩序工作会议上，中央政治局委员、国务院副总理曾培炎在讲话中对“个旧模式”和云锡集团公司整合资源，开创科学发展新局面的做法给以称赞，并在会上总结推广了云锡在整合锡资源、规范矿产资源开发秩序中的“个旧模式”“云锡经验”。

2008年下半年，突如其来的金融风暴席卷全球，使发展中的云锡又经历了一次严峻的考验。云锡集团公司党委按照中央保增长、保民生、保稳定的要求，及时做出了一系列强有力的应对危机的决策，带领全司干部职工调整产业结构、发展循环经济、科技创新、管理创新，全面实施低成本战略。就在云锡生产经营形势逐渐转暖的关键时刻，共和国领导人又一次来到云锡。

2009年7月25~28日，中共中央总书记、国家主席、中央军委主席胡锦涛在云南考察期间，来到位于昆明高新技术开发区的云锡集团贵研铂业股份有限公司考察。总书记走进了贵研铂业的产品研发和加工中心，考察了贵研铂业自主研发的军工配套新材料及铂网平纹网、针织网、多层网的生产过程，详细询问贵金属复合材料生产专用设备、贵金属研发平台建设以及当期的生产经营状况，重点了解了企业的自主创新情况，并亲切地与专业技术人员一一握手。考察过程中，胡总书记十分关心贵研铂业面对国际金融危机冲击，如何渡难关、促发展、上水平。贵研铂业领导向胡总书记汇报了企业深挖内潜、外拓市场、化危为机、稳健经营的情况：2009年上半年，在经济衰退的大背景下，贵金属价格仅为同期的50%，贵金属产品市场需求萎缩，废料市场、贸易市场交易低迷。面对不利的市场局面，贵研铂业深入学习实践科学发展观，实施低成本战略，扩大市场占有率，强化内部管理，推进节能降耗和挖潜增效，加大自主创新力度，培育高新技术产业，经济运行的质量和效益进一步提升。在极其困难的环境下，贵金属产业依然保持了积极稳健可持续发展的势头。胡总书记对贵研铂业公司应对国际金融危机冲击采取的积极有效措施给予了充分肯定，勉励贵研干部职工危中求进、化危为机，充分发挥自身优势，着力加强科研攻关，不断增强产品开发和市场开拓能力，努力克服暂时困难，赢得更大发展。

胡总书记到云锡集团贵研铂业股份有限公司考察的喜讯传遍了百里锡山，极大地鼓舞了正在全力以赴应对金融危机的云锡广大干部职工。胡总书记考察时的重要讲话为云锡克服暂时困难、夺取更大发展的胜利、再创云锡新的辉煌指明了方向。

在光辉的未来，云锡还将迎来更多领导人的关怀和牵挂。

先踏一步的勇气

卡尔本茨不想把生命浪费在无尽的旅途上，于是他勇于去想除了跑得快的马，还有什么可以改变这个世界的交通，于是有了汽车。

莱特兄弟觉得还能够更快，于是勇于去想除了在地上跑，能不能选择在空中飞，于是地球从那时候开始变成了一个大村子。

云锡兴许说起来没有被写进小学生教科书的创新事迹，可云锡人做的事，可从来都是朝着这个方向去的。

创新是企业进步的灵魂，是企业兴旺发达的不竭动力。从云锡人创造的第一台重力选矿设备——中国漆面摇床，研制出的世界上第一台离心场内流膜选矿设备——离心选矿机，到云锡人制造的被誉为“20世纪冶金工业最伟大的发明”的电热连续机械结晶机，研制的使我国锡氯化冶金走在世界前列的世界上第一座贫锡中矿回转窑高温氯化挥发提取锡工艺……云锡人创造了中国锡工业乃至世界锡工业发展史上的无数个辉煌。

进入新世纪以来，云锡迎来了科技创新的又一个春天。

2002年4月18日，云锡澳斯麦特炉炉台上，随着放锡口的开启，澳斯麦特炉第一炉锡奔涌而出。几十双连续熬了几个昼夜的眼睛竟然没有一丝倦意，他们目光中的热切、兴奋和欣慰，与银色的锡水交相辉映……

时空将人们带回1955年的 5月1日那同样激动人心的一幕：在个旧金湖岸边的新厂房里，也是在人们热切的期盼中，云锡人自行设计和生产的代表当时冶炼先进水平的燃煤反射炉产出第一炉锡。

两个“第一炉锡”足足相距了47年！这是几代云锡人苦苦企盼、求索、奋斗的47年。如果说47年前的第一炉锡，标志着锡冶炼鼓风炉时代的结束、反射炉时代的开始，那么47年后的第一炉锡，则标志着云锡锡冶炼总体水平已达到当今世界先进水平。

这一取代10座传统反射炉的澳斯麦特炼锡技术引进过程中，云锡利用上百年锡冶炼的技术优势和经验，对引进技术进行创新和完善，彻底改造锡粗炼系统，实现了沸腾炉长周期稳定生产，降低了劳动强度，改善了作业环境，形成了自主知识产权4项（已申请专利），形成了云锡特色的“澳斯麦特炉还原熔炼—烟化炉挥发”两段熔炼工艺。它与云锡原有的世界领先的以结晶机与真空炉为主的火法精炼技术相配套，代表了当今世界锡冶炼技术的最高水平，被业内誉为“锡冶炼的重大突破”，使

云锡的锡冶炼整体水平保持了世界领先地位。国内外专家评价：该项目创造了世界澳斯麦特炼锡炉炼锡史上炉子最大、处理量最大、系统最完善、耐火材料使用效果最好、燃料最经济、余热利用效果最好、投资最省、矿产资源利用效果最好等多项业绩，成为引进与创新相结合的成功典范。

改革开放以来，特别是近10年来，云锡大力推进企业自主创新能力建设，科技进步与自主创新对传统产业提质增效、新产业发展的支撑和引领作用日益显现。

目前，云锡在成矿理论、勘查技术方法组合与找矿效果方面总体达到国际先进水平。“缓倾斜含水层状松软矿体深孔连续采矿技术研究”项目的实施，获得了显著的经济和社会效益。研究成果获2006年云南省科技进步一等奖，研究成果总体达到了国际领先水平。它与“云锡区域性矿山生产系统优化和信息化现代矿山建设总体规划研究”等产学研合作项目的实施，使云锡锡采矿整体技术达到了国际领先水平。

选矿技术不断提升，锡选矿综合技术经济指标稳定提高。“微细粒锡石浮选新

药剂和新工艺研究及产业化”“硫化矿浮选过程自动控制系统的开发”等项目的实施，进一步优化了选矿工艺，提升了选矿自动控制及水平，稳定和提高了选矿综合技术经济指标，锡选矿水平和各项技术经济指标处于国内领先水平。

元江红土镍矿探明金属镍储量为53万吨，居全国第二，是我国最早发现、勘探并列入开发计划的唯一大型红土镍矿床。作为云锡产业发展中一个板块，云锡举全司之力，成立了多项目科技攻关团队，汇集国内众多科研院所的优势进行攻关，形成了一批红土镍矿综合开发利用专有技术。目前已建成了国内第一条低品位红土镍矿湿法生产线，填补了国内红土镍矿开发的空白，并为大规模合作开发境内外红土镍矿资源奠定了技术基础。

2006年9月27日，云锡自主研发的专有技术建设的云锡元江镍矿甘庄精炼厂1000吨/年电镍生产线成功投产，并产出了高品质的合格电镍产品，成为云南第一块电镍产品，填补了云南电镍产品的空白。

2005年划并云锡、拥有多项科研全国第一的贵研铂业，脱胎于昆明贵金属研究所，而昆明贵金属研究所最早属于中国科学院，沉淀了中国最先进的贵金属研究开发和深加工技术。稀贵金属等新材料产业依靠自主创新，建立了集技术、研发、生产、检验一体的贵金属催化剂产业制造平台，具备年产300万升汽车尾汽净化催化剂产业化生产能力，成为目前国内规模最大的汽车尾气净化催化剂研发与生产厂商。贵研铂业“铂业微电子浆料及专用材料产业示范工程”一期工程通过了国家整体验收并投入生产，金属特种功能材料、信息功能材料、环境及催化功能材料为主导产品的贵金属材料产业规模不断扩大。自主研发了二次球钴酸锂等高新技术材料产品，产品性能和质量达到国际先进水平，实现了年1000吨产业化规模。

贵研铂业创造的贵金属深加工技术指标不但居于全国之最，在国际同行业中也排名前几位。贵研铂业生产的仅有头发1/7粗细的黄金丝，被广泛应用于航天等高科技领域。贵研铂业攻克的脆性金锡合金钎料无法加工成形的关键技术难题，实现了自主研发金锡合金钎料及其深加工系列产品获得成功并实现中试批量生产，不但结束了我国此类产品全部依赖外国进口的历史，填补了我国高新技术领域所需金锡合金钎料系列产品国产化空白，而且出口曾经对中国进行此类技术封锁的发达国家，并在此领域找到了广阔的市场前景。

目前，贵研铂业在贵金属（含金）信息功能材料、环保及催化功能材料、高纯材料及贵金属特种功能材料的开发研究上拥有国内一流的技术和设备。它与云锡原有的有色金属研究设计院和国家级技术中心，形成了云锡科技进步与自主创新的“三

足鼎立”之势。

云锡建成了全国最大的有机锡中试平台、全国最大的湿法冶金工程化平台、全省最大的有色金属选矿中试平台，配置了世界先进的高纯物质分析设备，合作设立了新型能源材料研究机构。拥有了国家贵金属材料工程技术研究中心和云南省金属材料中试基地、云南省贵金属冶金重点实验室，拥有了有色金属有机化合物工程中心、有色金属高纯材料制备中心、有色金属矿加压氧浸湿法冶金工程化平台、重浮选矿中试平台、锡化工工程化平台等一批国内领先的工程技术研究中心和工程化技术开发平台。

近年来，云锡先后获得国家级、省部级400多项科研成果，其中国家级52项，拥有国家有效专利67项，其中发明专利61项，实用新型和外观设计专利6项。先后被列为国家第一批企事业单位专利试点企业、云南省第一批科技创新试点企业、国家第二批科技创新试点企业、国家第二批循环经济试点企业、云南省知识产权示范企业等。

通过多年坚持不懈的努力，云锡高层次人才培养和聚集的功能进一步完善，科技人才队伍建设不断加强。构建了由三个层次（决策层、管理层、实施层）组成的科

技创新的组织及管理体制和模式，形成了协议工资制、首席工程师制、首席操作工制度等激励机制和以云锡职业技术学院、云锡人才培训中心为科技人才孵化器，以昆明贵金属研究所、云锡研究设计院为核心研发机构，以各二级单位为实施和应用主体，高等院校、科研院所为智力支持的开放式的具有云锡特色的人才培养和科技创新体系，高层次人才培养和聚集的功能进一步增强。原始创新、集成创新及引进消化吸收再创新效果显著，拥有自主知识产权的核心技术进一步增加，核心竞争能力明显增强。

云锡的决策者们认为，云锡作为资源型特大企业，不仅要注重跨越发展、规模发展，更要注重资源的循环再利用和保护环境，这样才能使云锡“经济利益和环境保护达到双赢”。以资源的高效利用和循环利用为核心,以低消耗、低排放、高效率为基本特征的循环经济，是卓越企业的应有之意，是云锡突破资源环境瓶颈、实现可持续发展的重要选择。

正是在这样的思想指导下，长期以来云锡重视综合利用，一直致力于化害为利，变废为宝，为最终达到“以较小发展成本获取较大的经济效益、社会效益和环境效益”进行了积极探索。制定了《云南锡业集团（控股）有限责任公司发展循环经济实施办法（试行）》等发展循环经济的规章制度，制定了以建设“资源节约型、环境友好型”企业为目标，建立和完善发展循环经济的管理制度、激励机制，实施一批发展循环经济重点项目，提高资源综合利用水平，减少污染物排放，推动云锡经济和社会效益的进一步提高，构建云锡循环经济发展模式。

云锡近年来新技术的引进，为发展循环经济提供了更为强劲的支撑。云锡冶炼分公司锡粗炼车间的反射炉熔炼系统和传统的冶炼方法，经过近50年的超负荷运行，劳动强度大、污染严重、金属锡回收率低、热利用率低、能耗高、作业成本高。云锡创造性地成功引进澳斯麦特技术对锡粗炼系统进行改造，配套了节能环保设施。自主创新、技术创新，采用与澳斯麦特炉配套的6000千瓦余热发电机组，带动了整个锡冶炼技术和环保水平的提升，进一步完善了锡冶炼的循环系统，有效提升了云锡锡冶炼的节能减排水平。

经过云锡二次创新的澳斯麦特技术工艺，不仅技术含量高、经济效益可观，而且节能环保效果显著。与原有的反射炉相比，每年节约燃煤11000多吨，热利用率从31.5%提高到53.6%，提高了22.1个百分点。与之配套的6000千瓦余热发电机组日发电量在10~13万千瓦时，年发电量3600万千瓦时以上，年创效益1400多万元。

为提高资源综合利用，云锡对冶炼系统1#、2#烟化炉进行改造，增加两台5.5吨余热锅炉，解决了与澳斯麦特炉配套的6000千瓦余热发电机组供汽不足、负荷不饱满的问题，同时取消了补充蒸汽用的10吨燃煤锅炉，年发电量达到4000万千瓦时。

云锡对冶炼过程中产生的高砷烟尘进行回收利用，将其变废为宝，回收砷污染物加工成99.999%的高纯砷。自1975年云锡建成砷车间以来，从初期年产砷350吨的规模发展到目前750吨的规模，年创经济效益100多万元。

采用新技术综合整治，用粗锡精炼后产生的硫渣和锑渣，再生产出锡基轴承合金；用电解的阳极泥提取铟、铋、银等有价金属，使资源得到了充分利用，实现了经济效益与环境保护的“双赢”。

如果说云锡锡冶炼过程的循环经济模式，是以“资源—产品—再生资源”形态体现，那么云锡采矿、选矿等方面的循环经济模式，则是“生产—消费—再循环”。

云锡对采矿过程中产生的坑下涌水，云锡按不同水质建立相应的回水系统及净化水质设施，分别用于生产、生活，有效地保护了水资源，防止了大量涌水的排放给环境带来的危害。

对采矿过程中产生的采掘废石，云锡将大量废石用作采矿充填料的同时，部分废石用做建筑石料。对少量未能利用的废石堆放于专用的废石场，待废石场达到服务期后进行复土植被，废石场现已复垦及生态恢复面积约5万平方米。对停用的尾矿库进行复垦或绿化，现已复垦绿化的尾矿库面积约370多万平方米，避免了尾矿资源的流失和沙尘的飞扬污染。目前，云锡厂区绿化面积达1200多万平方米。

对选矿过程中产生的尾矿水经浓密机、尾矿库沉淀处理后回用于选矿生产，每年共回用尾矿水约5700万立方米，回用率约84%以上，不仅大大减少了新水的用量，而且确保了尾矿废水的零排放。

云锡成功研制了流程短、成本低、操作简便的水处理工艺，在此基础上，按照“清污分流、一水多用、逐级扩充、少量处理、闭路循环、综合利用”的工作方针，对低砷污水采取中和沉淀处理，循环使用，大大提高了冶炼水的循环利用。实现了污染物全面达标排放。云锡每年的冶炼废水500多万立方米，全部进入污水处理系统处理后，返回各冶炼工序循环使用，实现了全国最大的锡冶炼厂废水零排放的目标。

对选矿过程产生的尾矿进行有价金属的再次回收利用，每年尾矿利用量在100万吨左右。

利用冶炼废气进行尾气制酸，每年进入云锡冶炼厂原料中的硫共计1.1万多吨，利用量为7700多吨，可生产硫酸2万多吨、硫酸铜约700多吨。对锡的粗炼系统进行技术改造，建设了相配套的3390平方米布袋收尘和动力波洗涤脱硫净化设施，使该系统烟尘和二氧化硫等污染物的排放量分别削减了60%以上。

云锡持续不断开展的创建“无泄漏（车间）工厂”活动，有效杜绝了跑冒滴漏，提高了节能降耗效果，每年节电2000多万千瓦时、节水150多万吨、节气16万立方米、节润滑油23吨。

走进云锡，你会感受到云锡大处着眼，点滴入手的精细化管理：矿山采矿坑道照明专人管理，分段控制，做到“人走灯灭，车走灯熄”；压风设备、主扇风机等主要耗能设备严格控制停开时间，风机“定时开停，节约能源”；生产用水高水高用，低水低用，坑水坑用，坑水外用，减少水泵提水，节约能源；办公室及生产车间照明充分利用自然光，并做到“人走灯灭”……

百年云锡，正在朝着以再利用、再回收，构建云锡特色的循环经济体系，实现以较小发展成本获取较大的经济效益、社会效益和环境效益的云锡循环经济发展目标进击。

231℃的浪漫

231℃，金属锡的临界熔点。在这个温度下，工匠可以对锡进行最为自由的塑形和铸造。跟赖庆国大师时间聊长了，你就会发现，他是把这个温度下的浪漫玩到最极致的人。

个旧的匠人玩锡玩了300多年，把锡器从用小扁担挑到个旧当菜卖，落地生根，到现在成为个旧发展区域文化和社会生活的重要组成部分，不知道这个的，不算个旧人。玩的时间长了，量变产生质变，锡工艺就被人变成了锡艺术，其中最顶尖的一位，就是至今锡工艺界唯一的国家级工艺美术大师赖庆国，他的斑锡工艺品成为稀世之作，把锡工艺品引领到了一个更加上乘的高度。因此，有人说他是“赋予斑锡工艺品生命和灵魂的人”。

说到他就得讲讲斑锡，斑锡是一种特殊锡工艺、一种高纯锡表面的物理转换过程。锡制品经过碾坯及车光以后结晶会受到破坏，经过重新结晶和工艺显斑处理，将锡器表面重新产生结晶斑化，使锡器表面呈现出黑、白、灰不同明度和多层次变化的肌理效果，让斑锡工艺品更加玲珑剔透，华光溢彩。斑锡的出现，彻底改变了锡器的视觉效果，增加了锡工艺品的艺术表现力，使锡工艺品得到质的升华。

早先，个旧锡制品更多地出于人们生活的需要，以实用为主，不大注重外形的美观。赖庆国深为锡工艺品的前途担忧。他虚心向老艺人学习锡制品的传统技艺，并结合现代工艺美术理论不断总结发展锡工艺理论，最终，他成功了。

虽然他有天赋，又极其勤奋，但成功来得并不是那么容易。刚开始时，斑锡之斑并不为传统观念的人们所接受，于是，赖庆国考虑在锡工艺品上局部出斑。他甚至把做好的锡工艺品在街面上设展柜展示，让人们提出意见和建议，从而在以后的设计中加以改进。他到各地出差时，便跑到各个城市的旧货古董市场，凡是遇到老锡工艺品他都会设法买下，他说，收购这些老锡工艺品是为了更好地传承传统工艺和继承锡历史文化。

正是因为他的执着认真、刻苦钻研，进入2000年后，赖庆国的斑锡工艺作品不仅为人们所接受，而且进入了精品时代。

1999年，斑锡工艺精品成为“ '99昆明世博会”指定赠送外宾的礼品，同年推出的多款温酒壶系列（龙凤温酒壶、银龟温酒壶等）畅销至今。2004年，斑锡精品茶筒成功进入钓鱼台国宾馆，作为赠送外宾的上佳礼品，并成功生产出钓鱼台茶筒系列，至今仍然供不应求。2006年6月，青岛海尔集团经过比较后看中独特的斑锡工艺和美观实用的“中鲁沙”茶筒，特定制了一批“青岛海尔中鲁沙茶筒”作为公司高档礼品。

可以说，作为斑锡工艺创始人，赖庆国赋予了斑锡工艺品生命和灵魂。斑锡工艺品也因此而成为云南文化的一个象征，成为了礼品中的新贵，一手缔造了这广为世界所知的231℃的浪漫。

工业旅游，锡都的玩法

有那么个故事。美国的一个小镇，那叫一个穷，居民们除了虱子搜不出一个子儿来。有一天，镇长说，我们这里不是有废弃的矿洞么？这样吧，我们就把这里的一切做成原来采矿时候的样子。让外面来的人，都到这儿感受一下当矿工的感觉，吃、住、行都按照矿工的标准来。人们听他一说，反正闲着也是闲着，便姑且一试。最后，一个美国著名的矿业旅游小镇诞生了。现在那里的人们，身上蹦跶的都是美金，再也不是虱子了。

聪明进取的云锡人，又哪里会甘于人后？咱们自己也是有打算的。

观光休闲之旅。充分利用锡都两千多年的锡文化、矿道、锡工艺品等特色资源，把多种优秀的旅游资源进行最佳整合并合理演绎、开发，规划建设锡博物馆和锡工艺品展销中心，为游客提供个旧年轮、个旧1900、山顶观光区、个旧嘉年华四个主题观光区。通过演绎个旧历史发展的大致脉络，使游客在休闲娱乐中真切地感受和体验到个旧的历史、文化和风土人情。

娱乐体验之旅。我们将紧扣云锡文化精髓，以现有的矿道为载体，以矿工文化为灵魂，以部分大型游乐机械设备与其他各种小型设施为表现手段，将其故事化、趣味化，为游客提供各种与矿道有关的刺激、体验、休闲等形式的娱乐项目，使锡都之行从简单的观光层面跳出来，变成一次娱乐体验之旅。策划一个矿业旅游主题娱乐区，包括有“冒险之旅”“地心之旅”“体验之旅”三大主题区，建设挖掘之旅、矿洞酒吧、矿车餐厅、矿工篷露营、绝壁飞车、小矿童之家、冒险洞等项目，让游客亲临锡矿的挖掘、采选、冶炼及锡工艺品制作，在休闲和游乐中感受锡都，感受锡文化。整个旅游活动有静有动、有起有伏、有快有慢、有张有弛、有观光有参与，富有新意，特色鲜明，极具吸引力。

永远有明天

枯竭城市 · 重生之道路

个旧被列为中国首批资源枯竭型城市，就有一些人，觉得个旧的好日子过到头了，其实完全没有道理。

大多数个旧人都相信这只是一种说法罢了，锡都呀，怎么可能说没就没了呢？这不科学。个旧人更愿意相信，虽然探明储量逐年减少，金属含量不如从前，但个旧的资源还有很大潜力。

所以大家很努力实现传统产业升级，又大力培育替代产业。

为了对付资源的减少，引来了外来资源，不断提高有色金属的利用率和附加值，一边开源，一边节流。

事实上，只要国际市场状况好，云锡的发展速度就不会受到太大影响。很多云锡人，对个旧的资源保有依然充满信心。买资源？那只是曲线救国保存本地资源的手段罢了。云锡人有多聪明？翻翻历史书就知道了。

个旧虽然被列为资源枯竭型城市，但那些探明储量，都是以前地质勘察手段低下的时候得到的。低下到哪种程度呢？那时候的矿区勘察才覆盖了个旧20%的面积！剩下的80%会没有矿？那真是见鬼了。所以云锡这些年来，已经开始深度找矿了。

而且先前认定个旧资源枯竭型城市的时候，是按照现在还有多少储量，对比一共探明资源量，低于10%，就算枯竭。可个旧到了这个刻度上，就没再少了，常年都保有在20万吨。老挖不完，那还能叫作枯竭吗？

云锡最大的挑战，其实还是源于2008年国际金融危机后，国内外的有色金属价格大跌。按照业内人士的说法：“能把这口气缓过来，没垮下去，就会焕发生机。”

在市场低谷做投资，而且投资的项目都在用国际领先的技术，一旦行业回暖，就可能集中爆发。

瘦死的骆驼比马大，何况这骆驼还没怎么瘦呢，所以诸多的担心和质疑实在没有必要。再不济，还能延伸产业链做深加工呢，虽然面临技术突破和外商技术垄断的难题，但是以云锡的实力，克服困难的办法还是很多的，技术合作，并购什么的，他们早就得心应手了。

另外站在大个旧的角度来看，其他行业的人们也没闲着，有资源不代表要永远依赖资源。

生物制药、水电、型材、药材加工、木棉加工和乳制品等产业现在正在个旧兴起，虽然量还不大，但作为个旧人抵御市场风险的后备军，以个旧人不达目的不罢休的性格，迟早有一天会做大做强。

还有一方面，因为个旧的民营企业拥有极其强大的造血功能，所以不用担心想一些单纯的资源产地，资源已开采完，所有产业经济都衰落，连翻身的机会都没有。

2013年的时候，个旧的民营企业为工业总产值贡献的数字，已经超过了云锡集团。表现出无与伦比的活力。有了这种活力，等到哪天真的资源枯竭的时候，转型才有基础。

总之，现在的锡都，还谈不上真正的枯竭，也就没有所谓的重生之说。

但是现在的个旧，所有的人，都有着一颗未雨绸缪的心。资源枯竭的魔咒总有一天会真正到来，摆脱对它的依赖，变成更新更强大的工业化城市，更长的路还在等着跃跃欲试的锡都人。

穿越千年的祭典

硔王祭典

祭典之前，得斋戒沐浴。

怎么个斋戒法？首先泥鳅不能吃，鳝鱼也不能吃。这两样，滑溜溜的，一入手就滑跑了，这样的寓意下，怎么还挖得到矿？

其次狗肉不能吃，老辈子的说法，狗是土心，吃了狗肉，高品位的塃都会变成土。

硔王的祭典，在个旧已经流传了千百年，早年的时候，大家对于硔王的人选没有统一的标准。每个矿区，甚至各个片区，祭拜的都是自己的硔王，每年都拜。那时候的硔王可不像现在公认的董辅王、卫定疆和赵天爵这样，是历史上的大神，而是自己矿区内最有钱、占有资源最多、开采量最大、雇佣砂丁最多的人。而且他还必须人品好、有名望、能服人，才可以被推举成那一片的硔王。

传统的矿山硔王祭祀，一般选在年初或春节前，好讨个彩头。头一天大家就不用干活了，全部斋戒沐浴。

第二天太阳还没出来，就要开始祭典。个个穿着新衣裳，伴着羊皮鼓的鼓点，把祭品猪和羊献上。

硔王接着开始祭鸡血，随后带领众人向山神和财神上香。然后祭司主持典礼，众人向硔王膜拜。

接着就到了大家喜闻乐见的时间，硔王接受膜拜后派发红包。

到此仪式结束，下面就是欢乐天地的时间了，大家舞龙耍狮放鞭炮，大摆酒席，

连吃三天，一年的打牙祭的时间除了过年就数这三天了。

传统的硔王祭典，都是放在庙里举办的。

而统一了三大硔王的标准之后，由官方牵头举办的硔王祭典，还没有过。

所以在2005年“中国锡都·个旧首届国际锡文化旅游节”上，人们把祭典第一次安排在了广场，在万众瞩目之下，来了一次历史上最大规模的硔王祭典。

那一天锡都文化广场上聚集了上万人，在9米高的硔王雕塑面前，摆起了作为祭品的猪、牛、羊和活鸡，2.99米高的锡山宝鼎，燃起了浓烈的香火，悠悠飘向老阴山中。全场寂静无声，肃穆紧张，所有人等待着这一历史性时刻的到来。

随着一声擂鼓，大祭司宣布大典开始，史上规模第一的硔王祭典拉开了序幕。瞬间数十支开山号对天吹响，声音穿过阴阳两山，响彻云霄，仿佛在向天地大声宣告着这一历史时刻的意义。

洞经乐队开始奏响，神秘而充满穿透力的鼓乐声，带着经文穿梭时空，在向锡都历史上过往千年的诸多灵魂，向铸就百年云锡矿业辉煌的诸多先人，昭告着新硔王时代的来临。

今天的碏王，已经不再是当年狭隘的理解，突破了对碏王单纯的心理依赖，而把三大碏王所代表的勤劳坚韧、宽厚待人、勇敢智慧、开明进取、百折不挠等人文精神融合在一起，形成了现有的终极碏王形象。

从此以后，他就是锡都人最敬仰的开矿者，是个旧矿业发展史上所有为这座城市尽过一份力的劳动者的化身。

跟随着祭祀主旗，巨大的碏旗、五行旗、二十四节气旗方队入场，紧接着是代表各种金属的彩旗，还有灯笼方队，各自登场。充满仪式感的场面、巨大的人潮，历史上所有碏王出行的宏伟场面，感觉都在这里汇聚起来。

在万人合围之下，场面再次安静下来。

身着唐装的各位嘉宾，开始依次向碏王敬香。随后是众多矿山老板，也以此对开矿的老祖宗敬香以示敬意，并按照传统，把红包投入功德箱内。

至此，史上最大的碏王祭典的仪式宣告结束。广场上再次喜庆热闹起来，舞龙舞狮、威风锣鼓和大型团体烟盒舞表演，把现场的气氛推向高潮。

在喧闹与笑语中，一切美好的愿景，跟随着巨鼎中的烟火袅袅，飘向天际，飞向锡都无限美好的未来……

飞翔的四季

从老阴山顶飞落到个旧金湖，落差是511米。

个旧的气候总是很好，四季如春。

所以乐坏了玩滑翔伞和热气球的人。但凡来过个旧老阴山顶，体验过滑翔场地的人，无论多么专业的大牌，包括前来督战的航协领导，都对设施和条件赞不绝口。

个旧绝对是非常适合玩滑翔伞和热气球的地方。因为这些飞行项目都是靠天吃饭，同时需要较大的海拔落差。

能找到这两个条件都具备的地方本来就少，更何况个旧的山顶地势，每年产生理想气流的时间很多，适合滑翔伞在空中进行长时间的滞空飞行，而且着陆点还在湖上，安全系数要高得多。

所以只要有比赛，海内外知名的选手都会抢着来个旧玩，恨不得一年能飞的两百天全部待在个旧。因为这里除了条件好，氛围也好，观众们的尖叫声、喝彩声、加油声从来不间断，哪个选手会不喜欢自己被真诚地关注的感觉呢？

不过说了那么多，对于个旧人来说，最重要的事情，应该是哪天也能组建自己的滑翔伞俱乐部，近水楼台地玩个痛快。毕竟这么新鲜刺激的项目，胆大心细爱享乐的个旧人，怎么会舍得错过呢？把锡都打造成面向世界、中国唯一的山水型滑翔训练基地，进而变成滑翔之都的想法，是很多个旧人的共识。

从日常运动到武术健身，再到亲近国际性的新鲜小众运动方式，个旧人的运动理念，也跟着社会进步和生活提高，有了再一次的起飞。

小贴士 *TIPS*

个旧已经举办过 5 次有世界冠军参与的滑翔比赛，内容包括滑翔伞特技飞行、定点飞行和规定特技飞行三项，另有热气球飞行表演和动力伞飞行等两个表演项目。

世界滑翔冠军阿里克斯和莱温特均赞扬“个旧是滑翔天堂，体验之都”。

众多的个旧体育爱好者，正在努力使得这项运动从少数人走向大众，真正在个旧扎根。

全民健身的高级境界

全国武术之乡

国家倡导全民健身运动很多年了，在个旧开展得非常好，运动和健身对个旧人来说，就跟吃饭睡觉一样，是必须的习惯。

要是没有这种好运动、乐健身的好习惯，哪里会有这么多人喜欢习武，让个旧成为全国武术之乡呢？

2011年的时候，有个全省的武术比赛，个旧只派了五个人去，就拿了五块金牌，还有其他一些奖牌。照这个效率，若是派一百多人去，岂不是要把奖项都包干？开个玩笑，其实只是想表达一下，个旧的江湖上，还是很有些高人的。

比如比赛时队伍的主教练杨乔生，作为个旧的顶尖高手之一，江湖上谁人不知。他九岁习武，先师从黄埔军校毕业的武当乾坤门第二十一代传人王树章，后又拜中国著名武术家何福生为师。他融合各个大家的武功，最后终有所成，江湖人称“云南鹰爪王”，被中国武当拳法研究会特邀为终身研究员。

关于他的江湖事迹，还有很多。他当过警察；演过武打电影；夺过两次全国冠军；跟新中国成立前打败俄国和美国高手，江湖人称“神拳大龙”，名满上海滩的蔡龙云是忘年之交；是武当乾坤门的第二十二代传人；组建了红河州第一支散打队；创办了云南第一家私立武术院——滇南武术院；亲自带出学员200多人，为个旧市被国家体委授予“武术之乡”称号立下赫赫战功。

杨大侠曾经说过，个旧武林藏龙卧虎，这话一点也不假。

杨乔生的师父王树章，中国武术界响当当的人物，也是个旧人。他的铁喉头功、铁板功、鹰爪功、风雷掌享誉江湖。而武当乾坤门传人的位置，就是他传给杨乔生的。

另有个旧高手杨群，以前是个旧公安局的警官，先后师从玻璃老人、王云飞、陈腊芝、梁纯武、张应尧等习练少林武术气功、百手劲气功、蟒蛇功、轻功、锁指功、二指禅等。后来专心练硬气功、手掌插钢珠、手指搓铁筷子、捏木块、捏钢板、捏钢珠。整整练了二十五年，终于将硬气功练成。

很多人夸他是高手，他却从来都说陈腊芝师傅的功夫更好。

陈腊芝是个旧江湖上的老寿星，活了110岁。杨群是他唯一的徒弟，他常常教导杨群：练功先练涵养功，否则白练一身功。又说：外功、内功再加上轻功才是高功夫。

据说陈腊芝四岁开始练功，气功、轻功的造诣都非常高，年轻时候在广东颇有名气，江湖人称陈辣子。他到了80多岁的时候，依然健步如飞，练梅花桩还能飞快地走一个多小时。这事，不少老辈子的个旧人都晓得。

这样的名门之后在个旧还有不少，包括少林派刘金波；蔡家拳陈吉春，传承弟子张继成；杨家拳王发昌等等。和杨乔生一样，张继成也开过武馆，广受好评。一套蔡家拳，被国家武协誉为独树一帜的稀有拳种，也多次担任过全国性的武术比赛的裁判和裁判长。

他们都是名师教导的专业高手，而在个旧，放眼普通人，这样的故事也不少。

有个金庸小说中扫地僧一般的人物，叫张荣堂，是个汽车修理工。他身怀二指神功，功力深厚，当年在修理厂，拆轮胎别人都是好几个人合作，用撬棍和加力扳手。但换成张荣堂，用手指就能轻松装拆轮胎螺帽。跟别人比手劲，他只用两个指头，使三分力，别人就输了，无一例外。后来他退休后守大门，从来没有贼敢上门。

又有个旧上海理发室的吴兴龙，理发手艺好，武功活更高。20世纪七八十年代的时候经常能看见他在绿春花塘子边练石锁，几十斤的石锁，他提起来翻个身就顶在头上，接着弯手接住，又轻松挑到肩上。沉重的石头，在他手里根本就像轻盈的皮球。

最具传奇的，还有云锡的退休工人，太极高手孔庆祝。曾经因为工伤，医生估计他40岁后就只能坐轮椅过活。他偏不信邪，在病床上练太极拳，身体竟然完全康复。还有缘得江湖前辈高手沙国政的指点，成为真正的太极高手，每年练拳1000多个小时，越打越成功。夺得1次全国冠军，5次云南省冠军。打太极30多年，带出的弟子超过5000人。

可见，个旧的武林，展现着个旧的风采。很多普通百姓，隐于街头巷尾，低调练武，以武为乐。有美景，好健身，个旧人心情好，身体也好，哪里还有不幸福的道理呢？

明明白白我的心，干干净净我的影

国家卫生城市

个旧很干净，是全云南第一个被授予“国家卫生城市”的地方。

为了这个“干净”，个旧人可是干了不少的事。前前后后花了4亿。粪便处理厂、城市污水处理厂、金湖水质治理、城市和城郊结合部道路改扩建以及城市美化、绿化、亮化等工程建设，一个都不能少。

费了老大劲，总算是把个旧的城市供排水、通信、无障碍通道等功能全部配齐了。

无害处理率达到100%，城市绿化率达到34%，人均绿地面积7.39平方米以上；在世界10项现代化指标中，个旧市已有6项达标，现代化综合指数达117.6%以上，高于全国平均水平好多个百分点。

嗯，钱总算没白花。不仅拿了云南卫生城市的头筹，还拿到过“中国首届人居环境范例奖”，印象中，这种形容词一般都是跟日内瓦之类的地方连在一起的。个旧能做到这样子，很了不起了。

国家爱卫会检查组曾在对个旧进行了一次突击检查后评价：“个旧创卫工作在云南省名列前茅，具体体现：干干净净，整整齐齐，保洁好，指导到位，责任落实，奖罚分明，很少有卫生死角，能经常保持，这是个旧创卫的亮点！”

后来又验收通过市容环境卫生、农贸市场、小餐饮店、背街小巷、车站、城中村、城郊结合部、建筑工地、公共厕所等与人民群众生活密切相关的场所，进行了随机访问后评价：“个旧市创建国家卫生城市工作成效显著，整个城市创卫气氛浓厚，市容街景和谐统一，城市秩序井然有序，环境卫生状况良好，市民卫生意识较强，群众对该市创建国家卫生城市工作知晓率高，并对该市环境卫生现状给予积极评价，经与多名出租车司机、市民交谈，均得到满意答复。”

看看，这就是咱们个旧人的素质。

再来罗列下个旧这么多年来，在城市建设上的成就吧：2次荣获“全国卫生城市”称号，连续5次获得“云南省甲级卫生城市”殊荣，相继戴上了“全国城市规划先进城市”“全国园林绿化先进城市”“全国城市环境综合整治优秀城市”“全国武术之乡”“全国文化先进城市”“全国社区建设示范城市”“云南省双拥模范城市”“云南省创建文明城市先进城市”“红河州文明城市”等耀眼的桂冠，并被国家建设部授予全国28个城市之一、云南省唯一的“中国首届人居环境范例奖”。

说到底，要是不爱这个城市，众多个旧人又怎么会老是把城市保持得干干净净呢？要是不爱这个城市，个旧人又怎么会想尽办法，努力争取了这么多头衔回来呢？把这些当成生活幸不幸福的指标之一，准没错。

锡都也曾有颗汽车城的心

个旧的百年矿业，那是路人皆知，不过要是说起个旧人造汽车的事情，那现在还知道的人就寥寥无几了。

20世纪70年代的时候，红河州在个旧组建了红河汽车厂。

你能相信，几个工程师，加上一群技校毕业生，还有一些社会青年，凭借几台简单的机床、几个老虎钳、几个土炉子、几只大锤，就造出了377辆汽车吗？

要知道当时连国内龙头，长春第一汽车厂，也只有十年的造车历史，个旧想干这事，太难。就这样的团队来说，造汽车的难度，真是不亚于当年钱老带人搞导弹。但人家就是造出来了，还真的用在了生产生活当中。

工程师们一开始参照南京的跃进牌卡车进行仿制，研究了两个月，就把红河牌汽车的主要部件图纸画出来了。

此后，边设计边干，成为他们的原则。车床、铣床、镗床、钻床、几个老虎钳、一群热血工人，这就是汽车厂拥有的全部。

技工们用翻砂、铣等工艺造出了发动机，底盘大梁有问题，人家都是用大型锻压机械来作业的。于是大家土法造车，几十人在大铁砧上用锤砸，几十把大锤上下翻飞，炉火熊熊，人声鼎沸，场面十分壮观。

砸了一个多月，底盘大梁总算是做出来了。两米多长的传动轴，用的加工工具是车床、铣床。车的外壳，是选厚铁皮，又是一锤锤敲好，分块焊接起来的，甚至后来造大客车的时候，也是如法炮制，手工制作，简直堪比劳斯莱斯的工艺。

前前后后干了六个月，第一辆红河牌汽车终于上路，载重2.5吨，还得到了国家的认可，准许批量生产。于是几个拿着39.5元月工资的技术员，带领着一群34元月工资的工人，开始了第二次挑战——1970年国庆前造出20辆汽车作为献礼。参加挑战人员的福利，就是每人每晚有一份酸汤米线。

为了赶时间，他们吃睡都在工厂，加班没日没夜，实在太累，就在车间草席上躺一两个小时，起来又接着干。没人叫苦叫累也没人要求特殊待遇，他们比以前任何时候都要专注，一切私念在工作目标面前，都不知飞到哪去了。

最后，任务顺利完成，他们甚至还把汽车开到北京去遥望毛主席。这是多么淳朴的阶级感情啊！

在汽车厂存在的短短7年里，这群充满理想主义浪漫色彩的人，总共敲打出了377辆红河汽车，包括3辆大型客车、10辆中型客车和5辆吉普车。

如今，当年的热血工人们，已经全都变成了退休老人。但每次回忆起当年那段经历，却从没有半点抱怨，留下的只是激动和怀念。

为了纪念那些激情燃烧的奋斗岁月，他们后来又想尽办法，找到了最后一辆残留下的红河汽车，还原了出来。

虽然这样的奇迹，是出现在那样特殊的年月，但也从侧面体现了个旧人的风采。守着锡都的名头，偏偏敢去长一颗汽车城的心。这种事，还真只有浪漫又踏实的个旧人干得出来。勇于接受，敢于尝试，凭着这些特质，个旧的腾飞，是不会停止的。

四通八达，飞向未来

锡都大通道

汉朝的时候，大锡从个旧运到昆明去，可能一个月才到，也可能永远都到不了，消失在茫茫森林的瘴气之中。

明清时期，马帮把矿产拉到蛮耗镇，需要好几天，翻山越岭。同样，运气不好的话，也可能倒在瘴气或者匪患的手中，永远到不了目的地。

但只要能到蛮耗，这些宝藏就能沿着神秘的崇山峻岭，顺流而下，去到世界上任何一个地方。

民国初期，寸轨开通，锡都往外的通道，从一扇小小窗户，变成了一道方便的家门。到昆明，或者到河口，都只需要短短几天。

新中国成立后，公路和铁路的升级，让个旧更加接近了外面的世界。

顺着最老的国道，个旧与昆明的距离，缩短到了16个小时车程。

随着改革开放的到来，个旧经济得到了飞速的发展，从锡都到省府的车程，慢慢缩短着，从16个小时，变成8个小时，再从8个小时，变成5个小时。

今天，从个旧开端的锡都大通道，四通八达，便捷程度达到了百年云锡矿业辉煌史上的顶点。

现在的个旧，位于新昆河铁路的沿线，公交车20分钟可到火车站，火车4小时到昆明。

驱车前往昆明只需要3.5小时。

与周边地区的联系，达到了前所未有的紧密程度。从新的个元二级公路，走冷墩，过蛮耗，到河口，只需要2.5小时。到建水只需1小时，到石屏1.5小时，到蒙自30分钟，到开远1小时，到弥勒1.5小时。

这并不是单纯的数据，而是象征着锡都个旧越来越腾飞的翅膀。而且这并不是结束，而是另一个更快速发展未来的开端。

待未来的鸡羊公路开通，个旧就将完成所有高等级公路的高效无缝对接。当某日红河的高铁开通之时，个旧通往昆明的时间，将会缩短到令人惊叹的1.5小时！而将来蒙自机场建成后，个旧就真的要跟着航线，一起飞得更高了。

锡都人与世界的距离，终于缩短到了一天之内。

然而，就像当年红河的人们惊叹于滇越铁路上的钢铁巨兽一样，有的人觉得那就是生活的极致，而更多个旧人觉得，那只是未来的开端。

现在的个旧人，站在飞一般的道路上，有的人会觉得，这就是幸福的结局。

而我们，依然相信，这只是另一种更加幸福生活的开端……

附录

个旧及周边地区交通、景点手绘图

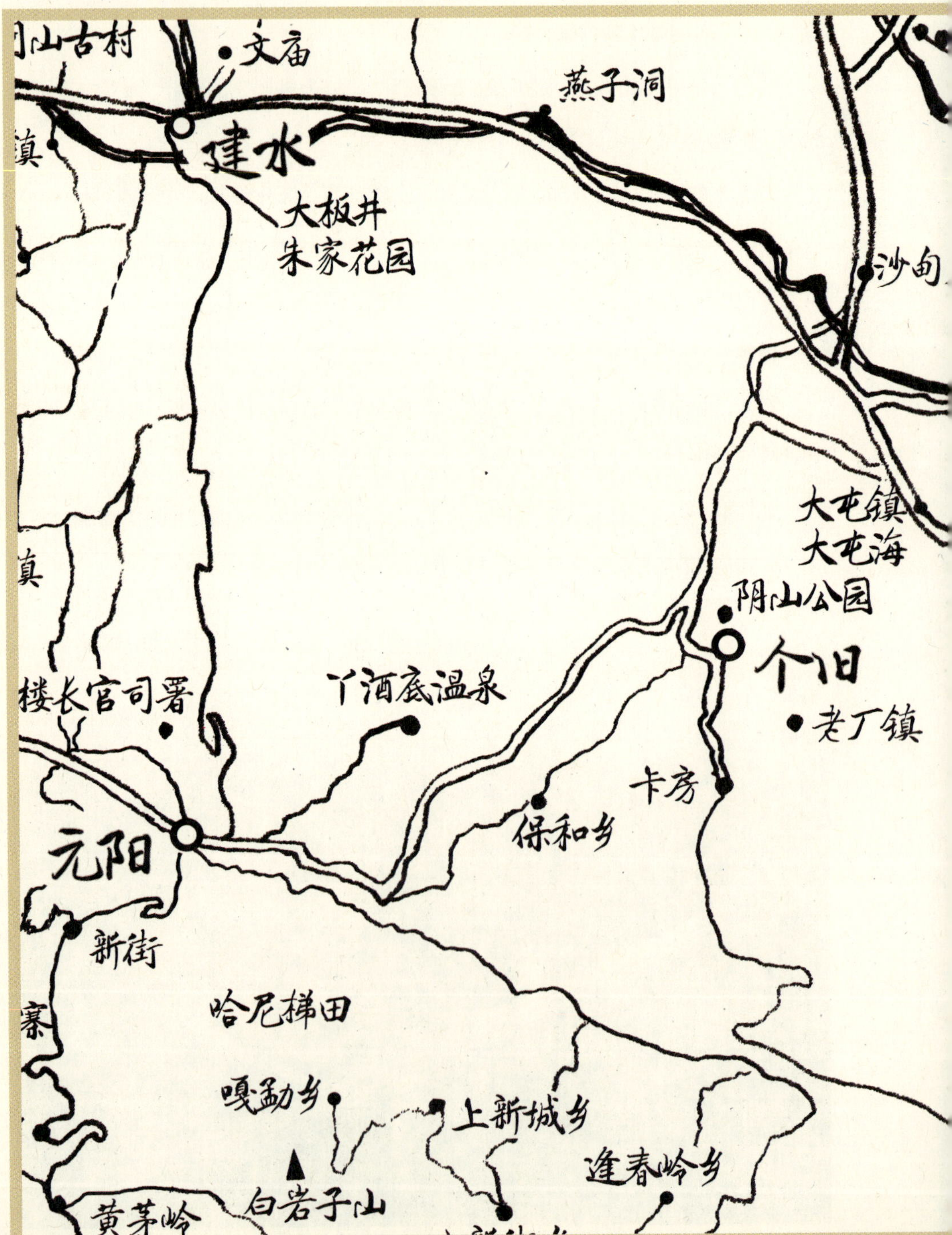

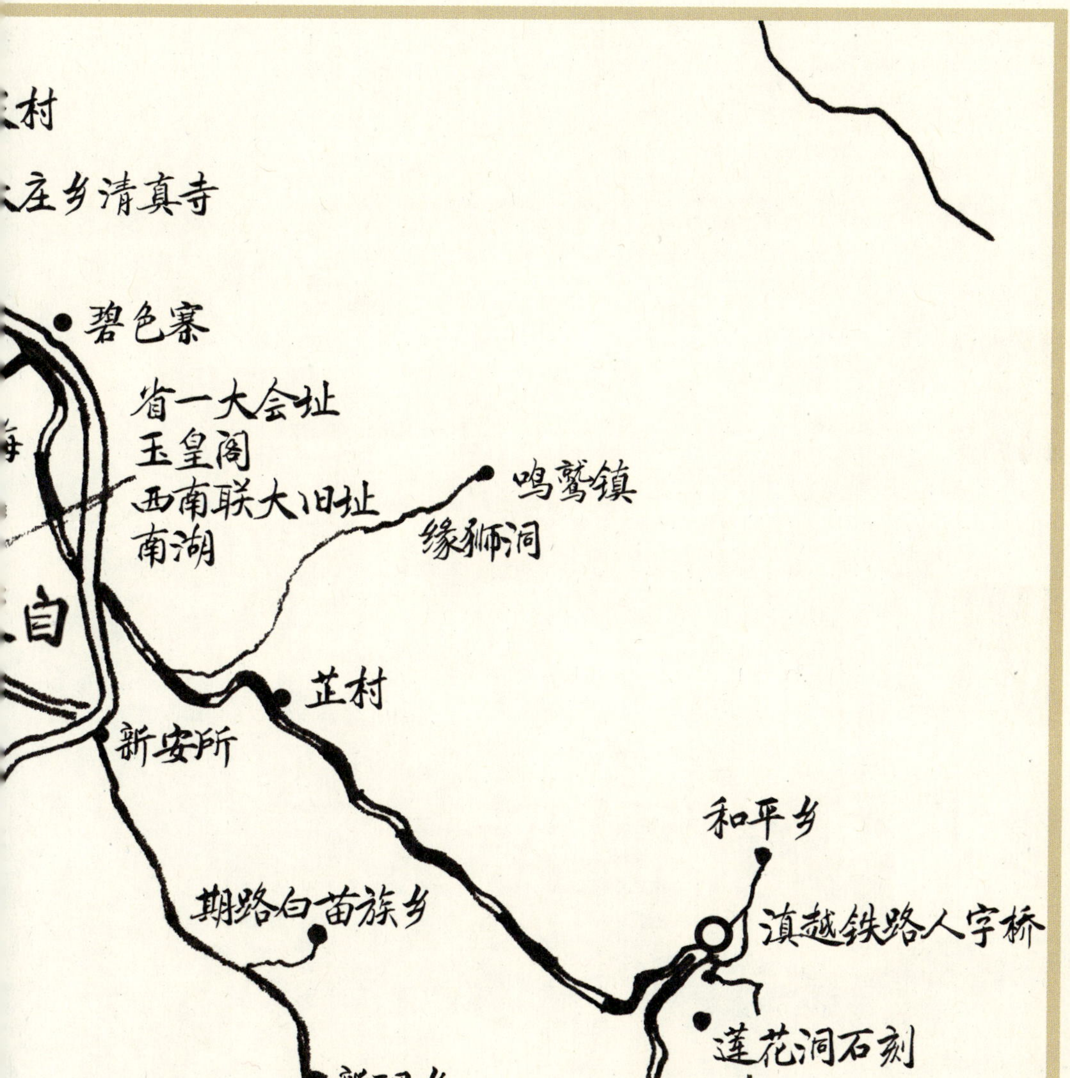

村
庄乡清真寺
碧色寨
省一大会址
玉皇阁
西南联大旧址
南湖
鸣鹫镇
缘狮洞
芷村
新安所
和平乡
期路白苗族乡
滇越铁路人字桥
莲花洞石刻
新现乡
大睡佛
湾塘镇
大围山森林公园

后记

世界变迁，时光流转。今天的华夏大地因为一个词而格外热烈厚重：梦想。中国梦在所有国人心中植根发芽。它既饱含着对近代以来中国历史的深刻洞悉，又彰显了全国各族人民的复兴愿景。复兴成为一次与心灵相关的回归之旅。这样的中国梦，终于为铺就哀牢山深处的红河路指明了方向。

从大理巍山“额骨阿宝”龙虎山发源的一条涓涓细流，穿越滇南后变身为翻滚着红色波涛的大河，它涌向越南北部，最终奔向宽广的大海。这条河流叫作红河，它的南北两岸，便是红河州。

中国梦，红河路，是云南精神的生动诠释，也是红河历史的一幅生动画卷。百年以来，红河作为云南对外开放的肇始地和云南工业文明的发祥地，成就了云南重要的工业基地，更传承和创造了底蕴深厚、斑斓多姿的文化。

上个世纪三十年代，鲁迅曾在散文集中随意提出过一句充满前瞻性的话，“只有民族的，才是世界的”。那些经过千百年荡涤和沉淀的民族文化，展现出持久而独特的生命魅力，最终被世界所认可。时间看似在前行，历史却一再峰回路转，人类终于意识到自己走得太远太快，到了该歇下来问一问来时路的时候，文化于是开始走在溯本归源的路上。世界因此而放慢脚步，红河岸边的古老文明慢慢被追寻灵魂的人们所聚焦。

观红河，山水细密流长，文化旖旎婉转，风情神醉心往，红河博大多彩的旅游资源蕴藏着大千世界。千年哈尼梯田生生不息，千年临安古城厚积薄发，千年建水紫陶熠熠生辉，百年滇越铁路风生水起，百年开埠通商继往开来，百年云锡矿业历久弥新，百年过桥米线源远流长，这“三个千年”和“四个百年”逐渐沉淀为今日红河的崭新名片。这《三千四百年——最红河》缩影了红河精魄，它直面红河的山水风物、人文历史、质朴与厚重，将更为直观而生动地呈现一个素面纯真的气质红河。

依托丰富多彩的文化旅游资源，红河州委、州政府承前启后，全力深挖文化旅游这座“富矿”，奋力打造旅游强州，将大美红河与社会经济发展融会贯通。以旅游业为着力点和支撑点，大力调整产业结构，促进产业转型升级，把旅游业的发展作为促进经济快速发展、加快社会进步、广泛惠及民生的重要抓手和载体。面对这样继往开来的历史时刻，着手策划著作《三千四百年——最红河》系列丛书，旨在将红河的山水人文点滴娓娓道来，将红河的一份情怀透过笔端一一呈现，慢慢蒸腾出清雅古朴、多情诱人的红河魅力，在某个晴朗的早晨或阳光的午后与你邂逅，让你毫无预兆地走进我们为您编织的红河故事中。

寻着故事来红河吧！来看看红河的壮美山川；来尝尝红河的醇香美酒；来呼吸红河的清新空气。吐纳间你会感知到红河千年的历史传承，仰止间你会领会到红河的激情美好！

就让这积淀着红河的三个千年，四个百年带领我们认识红河、走进红河、领悟红河，带领我们走进云南旅游新的方向。沿着千百年历史足迹与风云变幻去寻梦，让红河腾飞的未来带领我们去实现心中最美的梦想！

红河哈尼族彝族自治州旅游发展委员会